BUZZ

Jhonathan Santos

BORA CUIDAR

Como o básico bem-feito pode alavancar os seus projetos

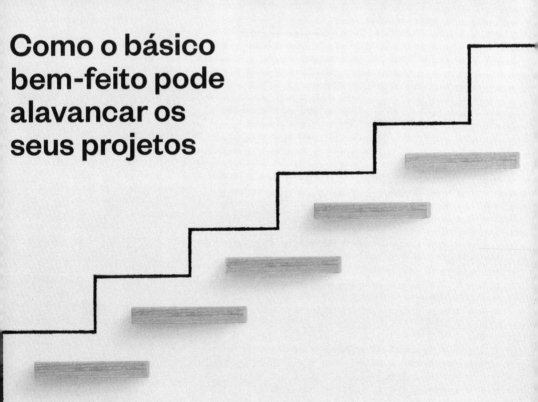

© JHONATHAN SANTOS, 2025
© BUZZ EDITORA, 2025

Publisher **ANDERSON CAVALCANTE**
Coordenadora editorial **DIANA SZYLIT**
Editor-assistente **NESTOR TURANO JR.**
Analista editorial **ÉRIKA TAMASHIRO**
Estagiária editorial **BEATRIZ FURTADO**
Preparação **JULIAN F. GUIMARÃES**
Revisão **LAILA GUILHERME E MARINA SARAIVA**
Projeto gráfico e diagramação **EDUARDO OKUNO**
Capa **ESTÚDIO GRIFO**
Assistente de design **LETÍCIA DE CÁSSIA**

Nesta edição, respeitou-se o novo Acordo Ortográfico da Língua Portuguesa.

Dados Internacionais de Catalogação na Publicação (CIP)
(Câmara Brasileira do Livro, SP, Brasil)

Santos, Jhonathan
  Bora cuidar : Como o básico bem-feito pode
alavancar os seus projetos / Jhonathan Santos. — 1ª ed.
— São Paulo : Buzz Editora, 2025.

  ISBN 978-65-5393-452-8

  1. Desenvolvimento pessoal 2. Desenvolvimento
profissional 3. Empreendedorismo 4. Gestão de
negócios 5. Método GoFive 6. Sucesso nos negócios
I. Título.

25-266816	CDD-650.1

Índice para catálogo sistemático:

1. Desenvolvimento pessoal e profissional :
Administração 650.1

Eliete Marques da Silva — Bibliotecária — CRB-8/9380

Todos os direitos reservados à:
Buzz Editora Ltda.
Av. Paulista, 726, Mezanino
CEP 01310-100, São Paulo, SP
[55 11] 4171 2317
www.buzzeditora.com

Dedico este livro a Deus, minha fonte de força e propósito, que transformou cada desafio em um degrau para chegar até aqui.

A Dalice, minha companheira de todas as horas, cujo amor e fé me mantêm em movimento. Aos meus filhos, Miguel e Débora, minhas maiores inspirações. Vocês me ensinam diariamente o que é cuidar de verdade.

Que estas palavras inspirem todos vocês a cuidar, agir e nunca parar.

Sumário

Prefácio, por Flávio Augusto **9**
Introdução: Um convite para transformar intenção em ação **11**
Método GoFive **14**

Pilar I   Idealize
Código 1 – Defina objetivos claros e específicos..........................**23**
Código 2 – Visualize o sucesso diariamente **28**
Código 3 – Divida os objetivos em etapas menores **33**
Código 4 – Identifique e organize os recursos necessários...........**38**
Código 5 – Estratégias para identificação
                      e otimização de recursos **41**
Código 6 – Mantenha um plano de ação detalhado **47**

Pilar II   Persista
Código 1 – Aceite os desafios como oportunidades
                      de crescimento..**59**
Código 2 – Desenvolva a capacidade de recuperação rápida **64**
Código 3 – Mantenha uma mentalidade positiva **73**
Código 4 – Adapte-se rapidamente às mudanças **77**

Pilar III   Conecte-se
Código 1 – Construa uma rede de apoio sólida...........................**93**
Código 2 – Colabore ativamente com outras pessoas.................**101**
Código 3 – Busque orientação de mentores **108**
Código 4 – Compartilhe conhecimento **113**

Pilar IV   Evolua
Código 1 – Curiosidade: A chama que acende o aprendizado **125**
Código 2 – Transformando erros em aprendizados.....................**130**
Código 3 – O poder do transbordo..**136**
Código 4 – Liderança: A arte de ensinar, inspirar
                      e transformar **139**

Pilar V   Não pare!
Código 1 – Pessoas: Vai cuidar da sua vida **149**
Código 2 – Ações: A energia que move **152**
Código 3 – O agir como motor de excelência **154**
Código 4 – O poder dos resultados..**159**

Agradecimentos...**165**

Prefácio

Em 1995, com apenas 23 anos, eu trabalhava como vendedor de curso de inglês e recebia um salário legal, mas me vi diante de algo que chamo de oportunidade (e que tenho plena convicção de que muitos chamariam de "furada"): sair do meu emprego, vender meu carro e empreender. Eu não tinha garantias, investidores, nada. Apenas a confiança de que era capaz de fazer a diferença no mercado brasileiro e muita nitidez do que queria.

Muita gente se depara com um momento como esse, mas simplesmente não consegue vencer o medo do desconhecido e se paralisa. Diante de uma grande decisão que pode mudar o rumo da vida, as pessoas preferem dar um passo atrás e seguir na mesmice, sem perceber que o desconhecido pode representar um futuro pleno de realizações, pessoais e financeiras.

E essa é a importância deste livro. Por meio de sua própria experiência, Jhonathan Santos oferece um método autêntico para transformar o medo em movimento, o desejo em plano e a ação em conquista. Cada decisão e cada passo ganham novos significados, e acabam revelando caminhos que muitas vezes passam despercebidos na correria do dia a dia.

O método que o leitor encontrará a seguir, denominado por Jhonatan de GoFive, envolve cinco pilares fundamentais para guiar sua jornada. Por meio dele, você descobrirá o poder transformador de enxergar para além dos momentos de incerteza. Não se trata de aguentar firme ou de apenas acreditar que tudo vai se resolver. Trata-se de ter a habilidade de se levantar e seguir em frente com coragem, apesar do medo.

Um dos importantes temas discutidos aqui é o uso estratégico de conexões. Afinal, ninguém constrói uma jornada de realizações sozinho. Por mais que o propósito seja individual e a resiliência seja uma força interna, o caminho se torna mais sólido por meio da troca.

Mas, é claro, para garantir o acesso a essas oportunidades, é preciso estar preparado. Por isso, o método vai destacar também a importância do aprendizado contínuo, da constante atualização de conhecimentos e da consistência nas ações para alcançar resultados concretos e sustentáveis.

Este livro poderá se mostrar uma contribuição valiosa para todos aqueles que buscam crescimento pessoal e profissional de forma consistente e, mais importante, de modo intencional e estratégico. Por meio dos cinco pilares apresentados, você terá acesso a orientações práticas para seguir um caminho claro e bem-estruturado, com diretrizes preciosas para materializar os sonhos em realizações.

Considere estas páginas um convite a enxergar oportunidades, olhar para dentro e transformar ideias em ação. Mas nada disso fará sentido se você não der o primeiro passo. A jornada é sua. A escolha também. E só caminha quem decide sair do lugar.

Flávio Augusto

Introdução

Um convite para transformar

intenção em ação

E se a sua próxima demissão fosse o ponto de partida para a maior conquista da sua vida? Foi exatamente assim comigo. Aos quinze anos, ouvi uma pergunta que me marcou profundamente: "Você está se pagando?". Fiquei atônito, e acredito sinceramente que ninguém espera um questionamento como esse. Antes mesmo que eu pudesse responder, veio a sentença: "Então, está demitido". No começo foi um baque, admito. Não poderia ser diferente: eu era apenas um garoto tentando provar meu valor.

Anos depois, já na casa dos trinta, fiz essa mesma pergunta a mim mesmo. E, como num déjà-vu, tive a sensação de estar vivendo a mesma situação que ocorreu na minha adolescência. Mas daquela vez havia algo diferente em mim. Era um desejo crescente de transformar minhas intenções em ações. Foi ali que percebi que só havia uma solução, apenas um caminho a percorrer, e me dei a carta de desligamento. Do dia para a noite, larguei um emprego e uma vida estáveis para construir minha própria empresa de engenharia. Uma aposta e tanto. Olhando para trás, compreendo como aquela determinação foi importante. Hoje, lidero um ecossistema cujo *backlog* de contratos já ultrapassou 1 bilhão de reais. Por isso, se a sua intenção é enfrentar o medo com ação, este livro é para você.

Para mim, essas duas demissões mudaram tudo. A primeira me ensinou a me levantar. A segunda, a correr atrás do que é meu. Aprendi com meu pai, varrendo o chão de sua oficina, que não há vergonha em ser trabalhador. Então não fico nem um pouco acanhado em dizer que vendi coco na praia, falhei em negócios e também fiz pizzas numa noite caótica — que, por sinal, foram muito elogiadas. Cada tombo e cada uma dessas experiências me ensinaram algo valioso, e tudo fez ainda mais sentido quando visitei o Vale do Silício e as universidades de Stanford, Harvard e MIT. Foi nesses locais que percebi que o sucesso depende do ambiente, das conexões e do acesso às oportunidades.

Casei-me cedo, aos dezoito anos. Naquela época, todos me diziam que eu estava cometendo uma loucura. Tão novo e já me metendo num compromisso tão definitivo. Admito que quase perdi tudo, tal como meus pais perderam seu casamento por não agir. Eu não tinha ao meu lado o benefício da maturidade, aprendia errando. E de toda essa história compreendi uma coisa muito importante: até o amor precisa de movimento. Afinal, assim como a imponente muralha da China e as majestosas pirâmides do Egito foram construídas tijolo por tijolo, bloco por bloco, sua vida também o é. Com os relacionamentos não é diferente: eles também precisam de dedicação e construção diárias, como um bloco depois do outro. Com isso em mente, no final do dia, pergunte-se: "O que eu agreguei hoje?".

Método GoFive

Este não é um livro para quem só quer sonhar. Muito pelo contrário, escrevi estas páginas pensando naqueles que querem agir e realizar. É para essas pessoas que redigi estas palavras. Afinal de contas, como costumo dizer, mais gente desiste do que fracassa. Percebo isso na minha experiência diária, convivendo com os mais diversos perfis. Em geral, antes mesmo de tentarem trilhar o caminho do que desejam, a maior parte das pessoas simplesmente abandona o barco, deixando-o à deriva, sem rumo certo.

Para evitar isso, vou apresentar a seguir o GoFive, um método que eu mesmo desenvolvi com base em cinco pilares, capazes de transformar crises em oportunidades e de criar um ambiente propício para a mudança. Ao seguir esses passos, você vai deixar para trás padrões de pensamento e de comportamento que apenas o prejudicam e limitam — os chamados "sabotadores" — e assumirá de uma vez por todas o controle do seu próprio caminho. Esse método vai abordar as seguintes etapas:

Pilar I: Idealize.
Pilar II: Persista.
Pilar III: Conecte-se.
Pilar IV: Evolua.
Pilar V: Não pare!

Como é possível perceber, o GoFive é um sistema conectado, ou seja, não são apenas passos separados. No Pilar I, você vai definir seu propósito com clareza. Estabelecer qual o objetivo concreto que se deseja alcançar é um ponto fundamental nesse processo. Já no Pilar II, você compreenderá como ativar sua resiliência para superar os mais diversos desafios. No Pilar III, explicarei como é possível usar as suas conexões para crescer com apoio. Meu objetivo nesse passo será mostrar como as pessoas com quem você se relaciona podem te abrir portas. No Pilar IV, vou demonstrar a importância da busca de novos aprendizados para se manter atualizado. Por fim, no Pilar v, você entenderá como agir com consistência até alcançar resultados reais.

Exatamente como acontece quando construímos uma casa, os pilares desse método são dependentes um do outro. Em resumo, não há como pular uma das etapas. Eu mesmo, quando criei minha empresa, defini meu propósito (Pilar i), ativei minha resiliência contra os problemas (Pilar ii), usei conexões para expandir (Pilar iii), aprendi a ajustar meu plano (Pilar iv) e persisti até vencer (Pilar v). Como numa escada, um degrau por vez.

Não é mágica. É, na verdade, movimento. Para mostrar isso na prática, trarei histórias, ideias e passos simples, que se destinam tanto a jovens que estejam começando do zero quanto a empreendedores já mais experientes que estão enfrentando tempestades, ou a adultos buscando um novo rumo. Sonhe como quem imagina o impossível. E aja como quem constrói o futuro. O mundo não espera quem sonha. Ele aplaude quem faz. Aos 35 anos, construí um negócio milionário. E foi este método que me levou até lá. Bora cuidar do seu sucesso?

1

Pilar I

Idealize

Toda grande conquista começa na mente. Antes de qualquer realização, há um instante de visão, um momento em que imaginamos o que queremos alcançar e o que queremos nos tornar. O primeiro passo para alcançar algo significativo é definir seu propósito e imaginar o resultado com clareza.

Este pilar é um convite para que você assuma o controle da sua jornada. Aqui, você aprenderá a definir objetivos claros e mensuráveis, entenderá a diferença entre destino e propósito e descobrirá ferramentas práticas para transformar ideias em ações concretas.

Idealizar e visualizar não é apenas sobre sonhar alto. É sobre criar um mapa mental detalhado do que você deseja e alinhar suas ações para tornar isso realidade. Grandes realizadores não deixam seus sonhos ao acaso. Eles os desenham, os planejam e os transformam em objetivos estratégicos.

Agora, chegou o momento de construir esse futuro com intencionalidade. Se você deseja conquistar algo, antes de mais nada precisa enxergar com clareza o que quer e acreditar na possibilidade de realizar, de concretizar essa meta. Este é o ponto de partida para uma jornada de crescimento e transformação.

Código 1

Defina objetivos claros e específicos

Pergunte a qualquer pessoa onde e como ela quer estar daqui a cinco anos nos aspectos pessoal e profissional. Não se surpreenda ao descobrir que a maioria das pessoas não conseguirá responder prontamente. Em casos mais críticos, elas nem mesmo terão uma ideia inicial. Como definir o caminho sem saber o destino?

Esse cenário reflete a realidade de muitos, ou seja, pessoas que vivem no piloto automático, movidas por demandas externas, mas sem clareza sobre o que realmente desejam alcançar. Entretanto, você tem a oportunidade de romper esse ciclo agora mesmo. Definir objetivos claros e específicos é o primeiro passo para se orientar em direção ao propósito.

A DIFERENÇA ENTRE DESTINO E PROPÓSITO

Você sabe qual a diferença entre destino e propósito? De um lado, o destino é o ponto-final, o lugar ao qual se quer chegar. É tangível, o marco que simboliza o sucesso da sua jornada. De outro lado, o propósito é o combustível que o move, a força invisível que dá significado aos passos que você dá ao longo do caminho. Enquanto o destino é um "onde", o propósito é um "porquê". Ele não se limita ao objetivo final, mas permeia toda a jornada, transformando cada esforço em uma experiência rica e significativa.

A diferença entre os dois é fundamental: o destino pode ser atingido e comemorado, mas o propósito é vivido diariamente. O destino é algo que você alcança, e o propósito é algo em que você se torna. Sem destino, não há direção. Sem propósito, não há significado.

Quando destino e propósito estão alinhados, você não apenas chega ao final da jornada, mas faz isso com a certeza de que valeu a pena. Pergunte-se: Estou apenas perseguindo um destino ou estou vivendo meu propósito? Essa resposta pode transformar não apenas sua jornada, mas também o legado que você deixará.

O PROCESSO DE DEFINIR OBJETIVOS

Antes de iniciar qualquer jornada, é necessário idealizar o que precisa ser feito. Para isso, é essencial detalhar processos e mapear os recursos necessários para essa jornada. Um objetivo específico e mensurável é como uma bússola que orienta suas escolhas e prioridades. Sem ele, é fácil se perder em tarefas irrelevantes ou distrações.

Por exemplo, considere alguém que deseja aprender um novo idioma. Em vez de dizer "quero falar inglês", um objetivo mais eficaz seria: "Vou estudar inglês por trinta minutos todos os dias e alcançar o nível intermediário em doze meses". Esse objetivo é claro, específico e mensurável, o que acaba facilitando a visualização do progresso.

FERRAMENTAS PARA DEFINIR OBJETIVOS

Existem algumas formas para que você consiga definir objetivos de maneira eficaz que exige um olhar estratégico e uma compreensão clara do que se deseja alcançar. Uma delas é a técnica SMART, sigla para as palavras Específico, Mensurável,

SEM DESTINO, NÃO HÁ DIREÇÃO. SEM PROPÓSITO, NÃO HÁ SIGNIFICADO.

@jhonathan_santoss

Bora cuidar

Alcançável, Relevante, Temporal. De acordo com essa ferramenta, para que uma meta tenha reais chances de sucesso é essencial que seja bem delineada, com objetivos concretos e realizáveis que permitam medir o progresso e garantir que seja viável dentro de um prazo determinado. Pergunte-se: Meu objetivo está claro? Sei como medir o progresso? Ele é realista e relevante? Qual o prazo para alcançá-lo? Isso vai ajudar você a evitar que os esforços se dissipem em intenções vagas e pouco concretas.

Outro modo de garantir uma definição clara desses objetivos é utilizar a técnica dos "cinco porquês". Para isso, você deve se questionar "por que" cinco vezes para entender a real motivação por trás de um determinado objetivo. Por exemplo, ao estabelecer como propósito "eu quero uma promoção", pergunte-se: Por que quero uma promoção? Questione e encontre respostas para essas perguntas até chegar ao propósito subjacente, como "Quero proporcionar uma vida melhor para minha família".

Além disso, organizar seus objetivos por ordem de relevância ajuda a evitar dispersão de energia. Quando tudo parece urgente, nada recebe a devida atenção. Tenha isso bem claro na sua mente. Não adianta tentar abraçar o mundo de uma vez. Escolha o que é mais importante no momento e concentre seus esforços no que realmente faz diferença agora.

CONECTANDO COM O IMPACTO

Ao estabelecer objetivos, pense também no impacto que eles terão em outras pessoas. Quem será beneficiado pelo sucesso que você está idealizando? Essa perspectiva amplia o significado das suas entregas, tornando a jornada ainda mais inspiradora. Por exemplo, ao melhorar sua saúde, você poderá estar mais presente e ativo na vida de seus familiares. Ao avançar na carreira, pode abrir portas para novos projetos que impactarão positivamente sua equipe ou comunidade.

REFLEXÕES E HISTÓRIAS INSPIRADORAS

Um dos dias mais importantes da minha vida foi quando nasci. O outro foi quando descobri o porquê de ter nascido. O primeiro dia marca o início da jornada, cheio de possibilidades, sonhos e mistérios por desvendar. Já o segundo dia revela meu propósito, o que dá sentido à minha existência. É nessa descoberta que reside a essência da vida: nascer é um privilégio, mas descobrir o porquê de estar aqui foi a chave para viver plenamente.

Pense nisto: o que você quer alcançar não é apenas uma lista de conquistas. É sobre quem você está se tornando no processo e como isso se conecta ao impacto que deseja causar no mundo.

MOMENTO IRRADIAR

- **Olhe atrás (5 minutos):** Pense em um objetivo de cinco anos atrás. Escreva: "Consegui por causa de X" ou "Falhei por Y". O que isso te ensina hoje?
- **Sonhe grande (5 minutos):** Feche os olhos. Imagine-se daqui a cinco anos. Onde você está? O que conquistou?
- **Aja hoje (5 minutos):** Selecione um grande objetivo. Liste três passos simples para esta semana (ex.: "Ligar para fulano", "Pesquisar Z"). Cumpra até o final da semana.

Código 2

Visualize o sucesso diariamente

A visualização é a ponte que conecta seus sonhos à realidade, uma ferramenta poderosa que vai além da simples motivação. É um exercício estratégico que reprograma sua mentalidade para o êxito, moldando comportamentos e decisões de forma consistente. Pessoas bem-sucedidas entendem que aquilo que se passa na mente influencia diretamente as ações, e que essas ações, por sua vez, pavimentam o caminho para os resultados desejados. Visualizar é, portanto, um dos primeiros passos para transformar ideias em conquistas.

Dedique alguns minutos do seu dia para criar mentalmente uma imagem detalhada do que você deseja alcançar. Não se limite a enxergar apenas o destino final; mergulhe no processo. Imagine cada etapa da jornada com clareza, desde os desafios enfrentados com confiança até as decisões importantes tomadas com assertividade. Visualize-se avançando com determinação, superando obstáculos e criando impacto.

Por exemplo, ao liderar um projeto, imagine as reuniões sendo produtivas, os membros da equipe engajados, a aprovação das propostas com entusiasmo e a entrega final sendo recebida com satisfação. Imagine-se não apenas sendo reconhecido pelo sucesso, mas também observando o impacto positivo que o projeto tem sobre as pessoas ao seu redor. O verdadeiro sucesso de um projeto vai além dos resultados individuais; ele está intrinsecamente ligado ao número de pessoas beneficiadas e à profundidade da transformação que proporciona.

Pense na alegria e na gratidão daqueles que serão tocados pelo seu trabalho, seja diretamente, como colaboradores, seja indiretamente, como usuários, clientes ou beneficiários. Imagine como sua visão se expande, não apenas para atingir seus próprios objetivos, mas para contribuir para o crescimento e a realização de outros.

Essa prática não é apenas um exercício mental abstrato. Estudos científicos demonstram que o cérebro reage de maneira similar a uma experiência real e a uma visualização detalhada. Quando você pratica essa técnica regularmente, está treinando sua mente para reconhecer oportunidades, superar desafios e agir com eficácia. Essa preparação mental cria uma base sólida para que suas emoções e suas ações se alinhem ao seu propósito.

Para tornar a visualização mais eficaz, siga estas orientações:

- **Seja específico:** Detalhe cada aspecto da sua visão. Não imagine apenas um cenário genérico, mas algo vívido, tangível e repleto de detalhes significativos.
- **Envolva os sentidos:** Como seria o ambiente? O que você veria, ouviria e sentiria ao alcançar esse objetivo? Inclua sons, cores, texturas e até mesmo aromas para enriquecer a experiência.
- **Visualize diariamente:** Transforme essa prática em um hábito. Dedique alguns minutos pela manhã para começar o dia com clareza ou à noite para reforçar sua motivação antes de descansar.

Além disso, considere quem será impactado pelo sucesso do projeto que você está idealizando. Ao visualizar, pergunte-se: Quantas vidas serão transformadas por essa conquista? Quem ganhará novas oportunidades ou terá suas dificuldades aliviadas como resultado do meu trabalho? Essa conexão com o benefício coletivo dá mais significado à sua jornada e fortalece sua determinação.

Lembre-se: antes de conquistar algo externamente, é necessário conquistá-lo internamente. A visualização permite que você alinhe a mente com seus objetivos e suas ambições, garantindo que cada passo dado seja carregado de clareza, confiança e propósito.

O sucesso não é apenas sobre realizar algo grandioso para si mesmo; ele também é medido pela quantidade de pessoas que se beneficiam das suas realizações. Quanto maior o impacto positivo, mais memorável e significativo será o seu triunfo.

Então, questione-se: Qual é o sucesso que você está visualizando hoje? E quem será impactado por ele amanhã?

Visualizar o sucesso é mais do que um exercício mental. É a construção de uma realidade interna que antecede sua concretização externa. Quando você se vê alcançando seus objetivos, sua mente começa a traçar caminhos e alinhar suas ações a essa visão. Cada detalhe imaginado e toda emoção sentida durante a visualização fortalecem sua conexão com o que você deseja conquistar.

A prática diária da visualização não é apenas sobre alcançar o resultado desejado. Ela é um compromisso consigo mesmo, uma reafirmação de que o esforço vale a pena e de que o destino final será recompensador. Mas, acima de tudo, visualize o impacto que seu sucesso terá nas pessoas ao seu redor. O verdadeiro triunfo não está apenas no que você alcança, mas em como isso transforma vidas e inspira outros.

Feche os olhos, respire fundo e imagine sua melhor versão vivendo o futuro que tanto deseja. Mantenha essa imagem como seu guia. Porque, ao visualizar, você já está dando o primeiro passo para tornar seu sonho realidade.

Visualize, confie e aja. Bora cuidar!

QUAL É O SUCESSO QUE VOCÊ ESTÁ VISUALIZANDO HOJE? E QUEM SERÁ IMPACTADO POR ELE AMANHÃ?

@jhonathan_santoss

Bora cuidar

MOMENTO IRRADIAR

- **Planeje o caminho (5 minutos):** Escolha um objetivo. Escreva: "Minha rotina será X", "Vou superar Y assim". Como fiz saindo do emprego aos trinta anos.
- **Visualize hoje (5 minutos):** Feche os olhos. Veja seu sucesso em detalhes, cores, sons, pessoas felizes. Quem você impacta?
- **Escreva uma carta rápida (5 minutos):** Escreva três frases do seu "eu futuro" para o "eu agora": "Valeu a pena por Z". Guarde e releia depois de um mês.

Código 3

Divida os objetivos em etapas menores

Transformar grandes objetivos em realidade exige uma abordagem prática e estruturada. Ao fragmentar objetivos em etapas menores, você não apenas torna o processo mais gerenciável, como também cria uma trajetória clara e consistente rumo ao sucesso. Essa metodologia é essencial para evitar a sensação de sobrecarga que muitas vezes acompanha projetos ambiciosos, permitindo que o progresso ocorra de maneira sistemática e eficiente.

A IMPORTÂNCIA DA DIVISÃO EM ETAPAS MENORES

Grandes objetivos ou objetivos de longo prazo frequentemente apresentam desafios que podem parecer intransponíveis à primeira vista. Dividi-los em partes menores cria um caminho lógico e viável, onde cada etapa representa um marco alcançável. Isso reduz a ansiedade associada ao escopo total do objetivo e proporciona uma sensação constante de progresso.

Além disso, a fragmentação permite que você identifique com maior precisão os recursos necessários, as competências exigidas e as possíveis barreiras em cada fase. Isso não apenas otimiza o planejamento, mas também facilita o monitoramento e os ajustes necessários ao longo do caminho.

MINHA EXPERIÊNCIA: UM PASSO DE CADA VEZ

Quando comecei a correr, lembro claramente como foi difícil dar os primeiros passos. Não conseguia correr cinco minutos consecutivos. A respiração era descompassada, o cansaço vinha rápido, e parecia que aquele objetivo estava muito além do meu alcance. No entanto, com treino e dedicação, comecei a progredir.

Meu primeiro objetivo era simples: correr 2 km sem parar. Lembro como me senti ao completar essa distância. Era como conquistar o mundo! A partir daí, fui estabelecendo novos objetivos. Cheguei aos 3 km, depois aos 4 km, até alcançar 5 km. A cada conquista o sentimento de capacidade aumentava, e assim fui crescendo, passo a passo.

Durante o Réveillon, estabeleci um objetivo audacioso: correr 21 km, a distância de uma meia maratona. E, no primeiro dia daquele ano, venci o desafio. Completei os 21 km, sentindo cada passo, cada gota de suor, cada batida do meu coração como um lembrete de que, com foco e perseverança, tudo é possível.

Agora, com confiança e determinação, estou mirando os 42 km de uma maratona. Não tenho dúvida de que será difícil, mas tenho a convicção de que é possível. Eu posso! Eu irei!

COMO DIVIDIR SEUS OBJETIVOS

1. **Defina o resultado final:** Antes de dividir o objetivo, é fundamental entender exatamente o que você deseja alcançar. Seja claro e específico sobre o que constitui o sucesso para o projeto ou o objetivo.

2. **Identifique os marcos principais:** Estes são os grandes pontos de referência dentro do projeto. Por exemplo, se você está desenvolvendo um produto, os marcos podem incluir pesquisa, protótipo, testes e lançamento.

3. **Quebre os marcos em tarefas menores:** Cada marco pode ser subdividido em ações específicas e mensuráveis. Essas tarefas menores devem ser suficientemente simples para que possam ser realizadas em um curto período de tempo.

4. **Estabeleça prioridades:** Determine quais etapas são mais críticas ou têm maior impacto no progresso geral. Isso garante que os recursos sejam alocados de forma eficaz e o foco permaneça nas atividades essenciais.

5. **Atribua prazos:** Para cada etapa, defina prazos realistas que garantam o progresso contínuo scm comprometer a qualidade do trabalho.

6. **Monitore o progresso:** Avalie constantemente o andamento de cada etapa, faça ajustes quando necessário e celebre as pequenas vitórias que consolidam o avanço.

CONEXÃO COM O IMPACTO

Ao fragmentar objetivos, é crucial considerar não apenas o que você deseja alcançar, mas também quem será beneficiado pelo resultado final. Faça a si mesmo as seguintes perguntas: Quem ganha com cada etapa concluída? Qual é o impacto positivo que este projeto terá em outras pessoas ou no mercado?

Por exemplo, ao expandir seu negócio, você pode gerar empregos, melhorar a qualidade de vida dos clientes e contribuir para a economia local. Assim, a cada etapa concluída, o impacto positivo amplia o valor intrínseco do objetivo.

BENEFÍCIOS ADICIONAIS

Além de tornar os objetivos mais gerenciáveis, divida-os em etapas menores:

- Promover maior eficiência na alocação de recursos.
- Melhorar a comunicação entre equipes.
- Incentivar uma cultura de aprendizado contínuo, já que cada etapa oferece insights valiosos para as próximas fases.

Divida suas entregas. Comemore pequenas conquistas e celebre grandes vitórias. Cada etapa conta. Pequenos avanços, somados, constroem grandes histórias. Cada triunfo é um lembrete de que o progresso vem dia após dia, com paciência e determinação. E lembre-se: a jornada é tão importante quanto o destino.

MOMENTO IRRADIAR

- **Mapeie o sonho (5 minutos):** Escolha um objetivo. Escreva: "Final: X. Marcos: 1, 2, 3", como eu fiz de 2 km a 21 km.
- **Reconheça uma vitória rápida (3 minutos):** Liste uma ação para esta semana (ex.: "Testar Y"). Cumpra e celebre com algo simples (tomar um café especial, por exemplo).
- **Anote um impacto claro (3 minutos):** Para cada marco, anote: "Isso me leva a Z e ajuda W". Veja o valor, como eu vi nos milhões.

COMEMORE PEQUENAS CONQUISTAS E CELEBRE GRANDES VITÓRIAS.

@jhonathan_santoss
Bora cuidar

Código 4

Identifique e organize os recursos necessários

"Qual de vocês, se quiser construir uma torre, primeiro não se assenta e calcula o preço, para ver se tem dinheiro suficiente para completá-la? Pois, se lançar o alicerce e não for capaz de terminá-lo, todos os que a virem rirão dele, dizendo: 'Este homem começou a construir e não foi capaz de terminar'." Lucas 14,28-30 (NVI).

A identificação e a organização dos recursos necessários são etapas críticas para transformar um plano em ação. Sem um mapeamento detalhado do que será exigido, sejam pessoas, ferramentas, tempo ou capital, o risco de atrasos, desperdícios ou falhas aumenta exponencialmente. O sucesso depende não apenas da disponibilidade desses recursos, mas também da forma como eles são priorizados e integrados ao longo do processo.

A PEDRA DA FELICIDADE: ENXERGANDO AS OPORTUNIDADES NA JORNADA DA VIDA

Muitas vezes, na nossa vida pessoal ou nos negócios, fazemos as coisas de qualquer jeito, sem nos atentar aos detalhes que podem agregar muito valor aos resultados que desejamos. Assim, acabamos deixando passar oportunidades bem debaixo do nosso nariz sem perceber. Isso nos faz perder o momento certo de agir, de tomar decisões, e acabamos adiando os resultados que tanto queremos.

Gosto muito de contar uma história que ilustra isso. Certa vez, havia um jovem que buscava desesperadamente encontrar sua felicidade. Aflito, ele foi até a casa de um sábio, bateu à porta e, quando este abriu, foi logo perguntando: "Sábio, você é conhecido por sua sabedoria, por seus conselhos e ensinamentos. Como posso encontrar a minha verdadeira felicidade?".

Com calma, o sábio segurou a mão do jovem e o levou até o fundo de sua casa, onde havia um campo enorme, cheio de pedras. Apontando para o campo, disse: "Entre todas essas pedras, existe uma que, se você encontrá-la, alcançará sua felicidade".

O jovem, tomado pela ansiedade e pela esperança, começou a refletir: "Se eu observar cada pedra com cuidado, posso levar anos, mas em algum momento encontrarei minha felicidade". Assim, iniciou sua busca. Pegou a primeira pedra, a examinou cuidadosamente e a jogou de lado. Pegou a segunda, fez o mesmo, e assim sucessivamente.

No começo, ele estava cheio de energia e atenção. Contudo, com o passar das horas e dos dias, aquela tarefa se tornou repetitiva e monótona. Depois de cinco anos, ele já havia passado por todas as pedras daquele campo e, frustrado, percebeu que não tinha encontrado a pedra da felicidade. Furioso, voltou até o sábio, bateu à porta e desabafou: "Você mentiu para mim! Não havia nenhuma pedra da felicidade. Perdi cinco anos da minha vida procurando algo que não existe!".

O sábio, com tranquilidade, colocou a mão no ombro do jovem e perguntou: "Você realmente observou todas as pedras com atenção, como fez no início?".

O jovem parou para refletir e, com sinceridade, respondeu: "Não, senhor. No começo, sim, mas com o tempo fui perdendo o cuidado e apenas repetindo os movimentos".

O sábio sorriu, lhe deu um abraço e disse: "Meu filho, assim são as coisas na vida. Muitas vezes, as oportunidades passam por nossas mãos, mas não sabemos aproveitá-las porque não estamos atentos. E, por isso, não conseguimos enxergar aquilo que realmente importa".

O jovem saiu dali com aquela lição gravada em sua mente, e nunca mais se ouviu falar dele.

Código 5

Estratégias para identificação e otimização de recursos

Lembro-me bem da minha primeira viagem para os Estados Unidos. Fui com minha família e alguns amigos para a Disney, e aquilo me deixou impressionado. A forma como os funcionários cuidavam de cada visitante era incrível. Cada detalhe chamava atenção. As ruas impecáveis, os brinquedos bem conservados, e até o cuidado que tinham em transformar as filas em experiências agradáveis. Era algo realmente incrível.

Já viajei para muitos países e tive experiências incríveis, mas nada se compara à maneira como a Disney cuida de seus parques e das experiências que eles oferecem. Essa história exemplifica o valor de um planejamento meticuloso. Cada detalhe, mesmo os menores, é cuidadosamente pensado para criar uma experiência única. Esse nível de atenção é o que diferencia projetos comuns de iniciativas extraordinárias.

Além disso, é fundamental alinhar expectativas com todos os envolvidos no projeto. Quando cada pessoa entende sua função e os recursos necessários, reduz-se o risco de falhas por desalinhamento.

O IMPACTO DO PLANEJAMENTO BEM-FEITO

Quando os recursos são identificados e organizados de forma eficaz:

- **Oportunidades são aproveitadas:** Assim como o sábio explicou ao jovem, a atenção ao detalhe e a presença plena permitem enxergar o que realmente importa.
- **Gargalos são minimizados:** Subestimar demandas ou negligenciar a gestão de recursos pode levar a falhas evitáveis.

O sucesso de qualquer empreendimento depende da preparação e da organização. Planeje com clareza, ajuste ao longo do caminho e mantenha o foco na eficiência. Dessa forma, você não apenas alcança seus objetivos, mas também garante que o impacto positivo seja maximizado, tanto para você quanto para todos ao seu redor. Lembre-se: a governança precisa e organizada dos recursos é o fundamento que viabiliza uma progressão bem-sucedida.

Como todo grande objetivo requer planejamento, a identificação dos recursos necessários é o primeiro passo para transformar intenções em ações. Tempo, habilidades, ferramentas e conexões são os pilares que sustentam a realização de seus sonhos. Quando você organiza esses elementos com clareza, elimina incertezas e cria uma base sólida para o sucesso.

Planejar não é apenas uma tarefa. É uma demonstração de compromisso com o que você deseja alcançar. Cada minuto dedicado à organização é um investimento que poupará esforço e evitará desperdícios no futuro. Mais do que isso, é um exercício de autoconfiança, pois mostra que você acredita no seu potencial para avançar.

Seja proativo. Antecipe desafios, adapte-se a imprevistos e mantenha o foco no que realmente importa. Cada recurso bem utilizado aproxima você do seu objetivo, tornando possível o impossível. Tenha em mente que o sucesso não é obra do acaso, mas do planejamento intencional. Identifique, organize e avance com determinação.

A GOVERNANÇA PRECISA E ORGANIZADA DOS RECURSOS É O FUNDAMENTO QUE VIABILIZA UMA PROGRESSÃO BEM-SUCEDIDA.

@jhonathan_santoss
Bora cuidar

1. **Faça uma lista completa:** Detalhe tudo o que será necessário para alcançar o objetivo. Inclua materiais, equipamentos, serviços, habilidades específicas e quaisquer outros insumos fundamentais.

2. **Classifique por importância:** Ordene os recursos de acordo com relevância e criticidade. O foco inicial deve estar nos itens que impactam diretamente a viabilidade do projeto.

3. **Antecipe restrições:** Identifique recursos limitados ou de difícil acesso. Planeje soluções alternativas para evitar interrupções.

4. **Alinhe expectativas:** Certifique-se de que todos os envolvidos no projeto compreendam as demandas e seus papéis. Falhas de comunicação nessa etapa podem gerar desalinhamentos no futuro.

FERRAMENTAS PARA ORGANIZAÇÃO DE RECURSOS

Matriz de prioridades: Crie uma matriz para avaliar os recursos com base em critérios como urgência, custo, impacto e dependências. Isso ajuda a manter o foco nos elementos que exigem atenção imediata.

Kanban: Use um quadro visual para organizar as etapas do processo. Divida em categorias como "Necessário", "Em aquisição" e "Disponível" para rastrear o status de cada recurso.

Softwares de gestão de projetos: Ferramentas digitais podem integrar equipes e oferecer visibilidade em tempo real sobre a alocação e o uso dos recursos.

DICAS PARA ORGANIZAÇÃO EFICIENTE

1. **Centralize a gestão:** Escolha uma pessoa ou uma equipe para gerenciar os recursos. Isso evita duplicidade de esforços e facilita ajustes rápidos.

2. **Revise constantemente:** Recursos podem se tornar obsoletos ou insuficientes ao longo do projeto. Revisões periódicas garantem que a execução não seja comprometida.

3. **Estabeleça contingências:** Tenha planos de reserva para lidar com imprevistos, como falta de materiais ou mudanças inesperadas no cronograma.

EVITE GARGALOS COMUNS

- **Demandas subestimadas:** Certifique-se de que os cálculos para tempo, dinheiro e pessoas sejam realistas. Subestimar requisitos pode comprometer a entrega.

- **Desperdício por falta de controle:** Recursos sem supervisão clara podem ser mal utilizados. Implemente *checkpoints* para monitorar a eficiência do uso.

- **Sobrecarga de tarefas:** Limite a quantidade de tarefas simultâneas. Mantenha foco e qualidade em cada etapa antes de avançar.

ESTRATÉGIAS FUNDAMENTAIS

1. **Mapeamento completo:** Liste tudo o que é necessário, desde ferramentas até habilidades específicas. Nada é pequeno demais para ser considerado.

2. **Classificação por prioridade:** Mantenha o foco nos elementos mais críticos, aqueles que podem impactar diretamente o sucesso do projeto.

3. **Planejamento de contingência:** Imprevistos acontecem, portanto esteja preparado para evitar atrasos e
desperdícios.

MOMENTO IRRADIAR

- **Liste rápido** (**5 minutos**): Escreva cinco recursos para o
  seu objetivo (ex.: dinheiro, parceiro). Marque um deles
  como a atual prioridade.
- **Aja imediatamente** (**5 minutos**): Para o prioritário,
  anote: "Vou buscar X até sexta". Como eu fiz na Disney,
  planeje tudo.
- **Tenha um plano B** (**3 minutos**): Se faltar esse recurso,
  escreva uma alternativa (ex.: "Uso Y"). Esteja pronto,
  como eu estive.

Código 6
Mantenha um plano
de ação detalhado

Um plano de ação não é apenas um roteiro. É o mapa que transforma sonhos em resultados alcançáveis. Ele organiza suas ideias, dá clareza aos seus passos e mantém você focado no que realmente importa. Sem um plano, mesmo os melhores objetivos podem se perder no caos das demandas diárias.

É justamente nesse caos que reside um dos grandes desafios atuais: o volume de informações e demandas que precisamos gerenciar diariamente. Muitas vezes, identificamos o que precisa ser feito, alocamos recursos adequados e até delegamos responsabilidades. No entanto, com o dinamismo da vida e dos negócios, novas prioridades surgem constantemente, fazendo com que demandas importantes sejam deixadas de lado até que a dor que as originou volte a se tornar latente.

Esse cenário reforça a importância de um plano de ação detalhado. Ele não é apenas uma lista de tarefas, é um mapa estratégico que orienta suas ações, organiza seu tempo e mantém seu foco no que realmente importa. Um plano bem estruturado permite que você acompanhe o progresso, minimize desperdícios e se adapte rapidamente às mudanças sem perder de vista os objetivos.

QUANDO AS ATITUDES FALAM MAIS ALTO: A ARTE DE TRANSFORMAR OPORTUNIDADES EM PARCERIAS

Ao projetar minha empresa de engenharia, entendi que precisava de uma base técnica e financeira sólida para atrair grandes clientes. Analisei o setor e me questionei: Quais são as duas empresas referência no mercado que melhor se alinham ao meu propósito?

Chegando a essa resposta, deparei-me com duas opções. Apresentar minha ideia para essas empresas e aceitar o risco de ouvir um "sim" ou um "não", ou assumir de cara que receberia um "não" e desistir antes mesmo de tentar. Escolhi agir.

Busquei conselhos com alguém que conhecia bem a história dessas empresas e lhe perguntei: "Se eu tivesse que escolher apenas uma para apresentar minha ideia, qual delas seria a melhor opção?". A resposta veio sem hesitação.

Saí daquela conversa confiante. Enviei uma mensagem ao presidente da empresa recomendada, pedindo alguns minutos de sua atenção para apresentar uma oportunidade irrecusável. Ele já conhecia minha história e meu trabalho, o que facilitou a conexão.

Essa experiência me ensinou que, sem referências, nosso nível de networking é extremamente limitado. Afinal, um dos pilares que sustentam parcerias sólidas é a referência. Como meus frutos já eram conhecidos, decidi plantar mais sementes.

Lembro-me bem dessa conversa, pois foi um marco transformador na minha trajetória. Peguei um avião para encontrar essa pessoa. No local combinado, ele foi direto ao ponto: "E aí, o que você tem para me dizer de tão extraordinário?".

Respirei fundo e respondi: "Não quero mais vender minha hora. Quero construir algo incrível. Sei o que e como fazer. Também sei exatamente do que preciso. No momento, preciso de alguém que me apoie, porque quero expandir minha empresa de engenharia. Mas não tenho o mínimo necessário para prospectar negócios e tenho plena consciência de que preciso pagar minhas contas mensais. Você toparia assumir meu salário por doze meses e me emprestar o nome da sua empresa para que eu possa apresentá-la como parte do grupo? Em troca, ofereço 49% do negócio".

Ele me ouviu atentamente e respondeu: "Cara, de boa... Você precisa cuidar de duas coisas".

Pediu uma caneta ao garçom, escreveu duas palavras em um guardanapo: "Receita" na primeira linha e "Custo" na segunda. Em seguida, disse: "Essa é a sua missão. Vamos em frente... ".

Saí daquela reunião com um frio na barriga, mas também com uma confiança renovada de que poderia dar certo. Não seria fácil, mas era possível. Foi naquele dia que iniciamos nossa parceria.

Então, pergunto: O que você faz quando tem a chance de falar com alguém que pode transformar a sua vida? Tira uma selfie? Tenho certeza de que muitos fariam isso.

São as atitudes que transformam histórias.

ESTRUTURANDO SEU PLANO DE AÇÃO

1. **Liste as etapas necessárias**: Comece identificando todas as ações que precisam ser realizadas. Detalhe cada passo com clareza como discutido anteriormente, evitando descrições genéricas. Quanto mais específico, mais fácil será seguir o plano.

2. **Defina prazos realistas**: Cada etapa deve ter um prazo bem definido, considerando tanto a complexidade da tarefa quanto os recursos disponíveis. Isso evita a procrastinação e mantém o senso de urgência.

3. **Atribua responsabilidades**: Certifique-se de que cada ação tenha um responsável claro. Isso promove a "pres-

tação de contas" (*accountability*) e evita confusões ou atrasos causados por falta de clareza.

4. **Determine indicadores de sucesso**: Para cada etapa, estabeleça métricas que permitam medir o progresso e a eficácia da execução. Isso facilita ajustes ao longo do caminho.

5. **Priorize ações**: Use ferramentas como a matriz de Eisenhower (importante versus urgente) para determinar quais tarefas merecem atenção imediata e quais podem ser delegadas ou adiadas.

6. **Revise regularmente**: Um plano de ação é um documento vivo. Revise-o frequentemente para ajustar prazos, incluir novas informações ou alterar prioridades conforme o cenário evolui.

LIDANDO COM IMPREVISTOS E DEMANDAS DINÂMICAS

Mesmo com um plano de ação sólido, a realidade pode ser imprevisível. É comum que demandas urgentes interfiram na execução do plano, criando a sensação de que estamos "apagando incêndios" constantemente. Para lidar com isso:

- **Seja flexível, mas disciplinado**: Ajuste o plano quando necessário, mas evite abandonar ações importantes apenas por causa de urgências momentâneas.

- **Blocos de tempo dedicados**: Reserve períodos específicos no seu dia para trabalhar exclusivamente nas tarefas planejadas. Isso reduz distrações e garante progresso contínuo.

- **Delegue com inteligência**: Quando novas demandas surgirem, avalie se é possível delegá-las. Confie em sua equipe para manter o foco nas prioridades do plano principal.

FERRAMENTAS QUE AJUDAM NA EXECUÇÃO DO PLANO

1. **Cronogramas detalhados**: Use ferramentas como Gantt Charts para visualizar o progresso das ações ao longo do tempo.
2. **Softwares de gestão de tarefas**: Aplicativos permitem que você organize, priorize e monitore tarefas de forma colaborativa.
3. **Checklists dinâmicas**: Uma simples checklist, seja física ou digital, pode ser extremamente eficiente para manter o controle de cada etapa concluída.
4. **Sistemas de acompanhamento**: Reuniões rápidas de alinhamento ou relatórios periódicos ajudam a garantir que todos estejam na mesma página.

O IMPACTO DE UM PLANO DETALHADO

Um plano de ação detalhado não apenas mantém o foco na execução, mas também minimiza o estresse associado a incertezas e mudanças. Ele transforma um objetivo abstrato em um conjunto de passos concretos, permitindo que você lide com o dinamismo do cotidiano sem comprometer a visão de longo prazo.

Pense em grandes projetos que você já iniciou e abandonou. Muitas vezes, o abandono não foi causado por falta de motivação, mas pela ausência de um plano claro e viável. Um planejamento adequado permite que você enfrente adversidades e mantenha a consistência necessária para alcançar os resultados desejados.

Afinal, manter um plano de ação detalhado é um compromisso com o progresso. Cada etapa concluída é uma prova de que você está no caminho certo, uma evidência tangível de sua determinação. Mas lembre-se: planos são vivos, e a capacidade de ajustá-los diante de imprevistos é o que os torna ferramentas poderosas.

Confie na sua visão e adapte-se quando necessário. O mais importante não é seguir o plano à risca, mas garantir que ele continue alinhado ao seu propósito. Com cada ação bem executada, você fortalece sua jornada e se aproxima ainda mais dos seus objetivos. Um plano bem elaborado não apenas orienta, mas também inspira a seguir em frente.

MOMENTO IRRADIAR

- **Planeje rápido (5 minutos):** Escolha um objetivo. Liste três tarefas principais e ordene-as. Ex.: "Fechar meu primeiro milhão".
- **Foque totalmente (3 minutos):** Hoje, reserve uma hora para a tarefa nº 1. Nada de interrupções. Feito? Ajuste amanhã.
- **Revise no domingo (5 minutos):** Anote: "Fiz X, falhei em Y". Planeje três passos para a próxima semana.

CONCLUSÃO DO PILAR I

Parabéns por concluir esta primeira parte da jornada do GoFive! Você deu o primeiro de cinco passos essenciais ao explorar a importância de sonhar grande, definir objetivos claros, planejar com precisão e visualizar o sucesso como se ele já fosse realidade. Agora, você está mais preparado do que nunca para transformar ideias em ações concretas e avançar com confiança rumo ao seu propósito.

Mas lembre-se: o que você conquistou até agora é apenas o início da trajetória. O próximo pilar guiará sua trajetória. No entanto, a verdadeira grandeza está em sustentar essa caminhada mesmo diante de dificuldades, adversidades e mudança de rota.

A vida e os negócios nunca seguirão um roteiro linear. Haverá momentos de incerteza, de desafios inesperados e de dúvidas sobre a direção a seguir. É por isso que o próximo pilar, **Persista**, é tão essencial. Ele lhe dará as ferramentas para enfrentar contratempos, se adaptar a novas realidades e continuar avançando, mesmo quando o caminho parecer intransitável.

O QUE ESPERAR DO PILAR II?

Na próxima etapa, você aprenderá a transformar desafios em oportunidades e a cultivar uma mentalidade inabalável. Resiliência não é apenas sobreviver às dificuldades, é prosperar em meio a elas. Descubra como ajustar suas velas ao vento em constante mudança e garantir que cada passo o leve para mais perto do seu propósito.

Afinal, o que você começou agora merece ser concluído com maestria. Continue firme, mantenha sua visão clara e prepare-se para aprender as lições que o transformarão em alguém ainda mais forte e determinado.

Agora que você definiu seu propósito, o Pilar II vai mostrar como ativar sua resiliência para enfrentar os desafios que surgirão no caminho.

2

Pilar II

Persista

A resiliência nos permite superar os desafios, e a adaptação nos guia para enfrentá-los com foco. Juntas, essas habilidades transformam desafios em trampolins para o sucesso.

Resiliência e adaptação não são apenas conceitos abstratos, mas habilidades práticas que se manifestam na capacidade de aceitar desafios, superar dificuldades e ajustar o curso quando necessário. Ao longo da vida e dos negócios, esses elementos são indispensáveis, especialmente em momentos de incerteza e transformação.

A seguir, exploraremos cada um dos códigos deste pilar, ilustrados por experiências reais que moldaram minha jornada e reforçaram minha crença no poder da adaptação e da perseverança.

Código 1

Aceite os desafios como oportunidades de crescimento

PROBLEMAS NÃO EXISTEM

Eu não acredito em problemas. Para mim, o que existe são decisões a serem tomadas ou algo que precisamos aceitar. Problemas, no fundo, são criações emocionais, internas. Nossas emoções, por mais intensas que sejam, não alteram o estado do desafio; apenas nossas ações têm o poder de transformá-lo.

Em 2019, no aniversário de 30 anos, decidi me presentear com algo fora do comum: minha demissão. Deixei um emprego estável em uma das maiores distribuidoras de energia do Brasil para iniciar minha própria empresa. Naquele momento, enxergava grandes oportunidades no setor, mas também reconhecia as barreiras de entrada. Tornar-se fornecedor no ramo de engenharia exigia um histórico técnico e financeiro sólido, algo que eu ainda não tinha. Não sabia exatamente onde o negócio estaria em dez anos, mas tinha clareza sobre os primeiros passos. Afinal, sem um destino em mente, como é possível traçar um caminho?

A transição foi tudo, menos tranquila. Antes mesmo de pedir demissão, comecei a investir em franquias de fast-food, acreditando que elas sustentariam minhas despesas diárias enquanto eu construía minha empresa de engenharia. Paralelamente, ofereci serviços de consultoria no setor elétrico, aproveitando minha experiência e o network que havia cultivado ao longo dos anos.

O primeiro trabalho parecia promissor: uma consultoria que representava o equivalente a quase cinco meses de salário no antigo emprego. No entanto, um revés inesperado surgiu: o pagamento foi adiado por seis meses devido a atrasos do cliente. Essa dificuldade me forçou a buscar soluções criativas e ajustar minha rota constantemente.

Aceitar desafios de forma ativa vai além de encará-los como um fato da vida. É entender que cada obstáculo traz consigo um propósito e a possibilidade de crescimento. Nesse processo, a fé é um exemplo poderoso. Não me refiro à fé como um simples estado emocional ou como uma espera passiva pelo melhor. Fé, em sua essência, é ação. É acreditar no que ainda não é visível e agir como se o resultado já estivesse a caminho. É aquela força interior que não depende de sentimentos passageiros, mas do conhecimento profundo de que, com esforço e comprometimento, o próximo passo sempre estará ao nosso alcance. É essa convicção que transforma desafios em oportunidades.

Aceitar desafios, então, é uma prática de coragem ativa, que combina a determinação de seguir em frente com a certeza de que nenhum obstáculo será maior do que a nossa capacidade de superá-lo. Afinal, como diz uma antiga sabedoria: jamais enfrentaremos algo que não possamos suportar. Essa certeza é o que nos dá força para transformar dificuldades em trampolins para novos patamares.

EXEMPLO DE PARCERIA: CASAMENTO

Quando reflito sobre as decisões importantes que tomamos ao longo da nossa caminhada, percebo que minha esposa sempre esteve ao meu lado. Não conheço ninguém no mundo que me conheça mais do que ela. O interessante é que ela só precisa olhar para mim para saber o que estou sentindo. Temos um jeito único de nos comunicar. Por exemplo, quando chego em casa cansado e mais calado, ela pergunta: "O bicho tá pegando?". Esse é o nosso código.

Nos momentos de grande tensão, ela sempre me respeitou, deu espaço, compreendeu e apoiou tudo a que me dediquei. Lembro-me claramente de quando decidi sair da empresa onde trabalhava. Conversei com ela, e sua resposta foi simples e encorajadora: "Amor, vamos em frente. Vai dar certo. E, se não der certo, a gente reprograma e começa de novo. Estou contigo".

Nada do que eu faça será suficiente para retribuir tudo o que ela fez por nossa família. Mesmo após a maternidade, concluiu a faculdade e construiu uma carreira promissora. Tenho certeza de que, se tivesse seguido esse caminho, hoje estaria entre as melhores do país em sua área. Tudo que ela faz é com excelência e resultados extraordinários. Mas escolheu abrir mão da profissão para cuidar do que temos de mais precioso: nossa casa, nossos filhos, nossa família.

Sem ela, eu jamais teria conseguido me dedicar aos negócios e chegar aonde chegamos. Muitos escolhem seus parceiros com base em critérios como aparência ou estabilidade financeira. Mas aprendi que o mais importante é o coração, o caráter. A essência de uma pessoa é algo que dificilmente se pode mudar. Todo o resto, construímos juntos.

Lembro-me das críticas que recebi ao decidir me casar aos 18 anos: "Você é doido, é muito novo, não tem condições!". Ao longo da vida, sempre houve quem quisesse opinar a respeito de decisões cujas causas não conheciam. Mas aprendi algo valioso: jamais dê ouvidos a quem não construiu o que você deseja alcançar.

Nunca esquecerei o dia que fizemos o teste de gravidez do nosso primeiro filho. Temos até hoje a foto da Dalice chorando enquanto mostrava o resultado. Ficamos desesperados, cheios de perguntas: "E agora? O que faremos?". Depois do nascimento do Miguel, ela tirou sua licença-maternidade, mas o retorno ao trabalho foi desafiador.

Lembro-me de um dia específico, quando ela precisou fazer um exame para voltar ao trabalho. Deixou Miguel com a minha sogra, mas ele chorava sem parar. Coincidentemente, a clínica ficava perto do meu escritório, e fui até lá encontrá-la. No meio do exame, a mãe dela ligou: "O menino não para de chorar!". Dalice ficou desesperada, com o coração apertado. Após desligar, olhei para ela e disse: "Pede demissão. Sei que é desafiador abrirmos mão da tua renda, mas vai dar certo. Vamos juntos, e a gente vai sair do outro lado". Naquele momento, ela demonstrou resiliência ao tomar a decisão de não retornar ao trabalho, escolhendo se adaptar às necessidades do nosso bebê e enfrentar as incertezas com coragem para priorizar o que realmente importava. A resiliência nos permite superar os desafios, e a adaptação nos guia para enfrentá-los com eficácia.

Ao longo da vida, vamos nos conhecendo e nos descobrindo, mas houve um momento que marcou minha certeza de que Dalice era a pessoa com quem eu queria caminhar para sempre. Estávamos começando a construir nossa vida juntos, e precisávamos levar para casa um botijão de gás que ganhamos de presente. Sem hesitar, ela disse: "Jhon, não precisa pedir ajuda. Eu pego o carrinho de mão e levo o botijão". Eram quase 2 km entre a casa dos meus pais e a casa dos pais dela. Sob o sol quente, ela colocou o botijão no carrinho e o levou. Naquele momento, percebi que ela era uma pessoa extraordinária, com um coração generoso, sem ego, sem frescuras. Ali tive a certeza de que ela era a mulher da minha vida, alguém com quem eu gostaria de caminhar até depois do fim.

A verdade é que os desafios não são barreiras; são convites para crescer, evoluir e se superar. Cada dificuldade enfrentada carrega uma lição valiosa, pronta para ser descoberta por quem tem coragem de olhar além dos obstáculos. Eles revelam forças que você nem sabia que tinha e abrem portas para caminhos que, de outra forma, permaneceriam ocultos. Não é o tamanho do problema que define você, mas sim como decide enfrentá-lo.

MOMENTO IRRADIAR

- **Encare hoje (5 minutos):** Escreva um desafio atual. Assim como eu fiz aos 30 anos saindo do emprego, encontre a oportunidade que existe nesse desafio.
- **Aja rápido (3 minutos):** Liste um passo para virar esse desafio a seu favor (ex.: "Testar Z"). Faça isso até amanhã.
- **Olhe além (3 minutos):** Pergunte: O que aprendo aqui para o futuro? Anote uma lição.

Código 2

Desenvolva a capacidade de recuperação rápida

A queda não define o seu destino. É a maneira como você se levanta que molda sua jornada. Após os primeiros passos da minha empresa de engenharia, enfrentamos um dos maiores desafios de nossa trajetória. Um cliente entrou em recuperação judicial, deixando um prejuízo de mais de 5 milhões de reais em nosso balanço. Para uma empresa jovem, essa perda poderia ter sido fatal.

Em vez de sucumbir ao desespero, reavaliamos nossa estratégia e direcionamos nossos esforços para atender grandes distribuidoras de energia. Esse foco nos permitiu expandir operações para outro estado e, posteriormente, para outras regiões do país. Cada obstáculo nos ensinava a importância de resiliência e adaptabilidade, e nossa capacidade de reprogramar a rota nos permitiu não apenas sobreviver, mas prosperar.

A recuperação rápida não significa ignorar o impacto de um golpe, mas sim encontrar maneiras de superá-lo sem perder tempo ou energia com lamentações. É sobre aprender, ajustar e seguir em frente.

Costumo dizer que a forma mais barata de aprender é com os erros dos outros. Observar os caminhos já percorridos por quem veio antes de nós, analisar suas escolhas e identificar onde outros falharam são ações que nos proporcionam um aprendizado valioso sem custo direto. Tornam-se um atalho que economiza tempo, recursos e, muitas vezes, dores desnecessárias. Mas, é claro, nem sempre podemos evitar nossos próprios tropeços. Quando erramos — e todos nós erramos em algum momento —, a chave é simples: **erre rápido!**

Errar rápido não significa ser descuidado ou agir impulsivamente. Pelo contrário, é sobre agir com responsabilidade, mas sem medo de tomar decisões. É permitir-se experimentar, testar hipóteses, arriscar e, se algo der errado, identificar rapidamente o erro, aprender com ele e seguir em frente. Esse princípio é amplamente praticado em ambientes de inovação, onde recebe o nome de *"Fail fast"*, em que iterações rápidas são essenciais para encontrar soluções eficientes.

NADA INCRÍVEL É CONSTRUÍDO COM POUCO ESFORÇO

Quando reflito sobre minha história, percebo que nenhuma conquista foi fácil. Cada vitória foi precedida por muito esforço, luta, dedicação e noites maldormidas. Mesmo planejando e avaliando riscos, a vida sempre traz surpresas. A realidade é que ela é dinâmica, e raramente conseguimos prever tudo por um longo período. Conexões inesperadas surgem, decisões precisam ser tomadas, e a habilidade de nos adaptarmos constantemente se torna essencial.

Lembro-me do período em que atuei no ramo de telefonia como gerente de novos negócios. Eu era jovem, mas ocupava uma posição estratégica em uma das maiores operadoras da América Latina. Atendia pequenas e médias empresas em uma região do Rio de Janeiro. Naquela época, meu salário não era alto, e eu me deslocava pela cidade em um Gol vermelho, simples, sem ar-condicionado, com vidros manuais. Era um carro básico, mas funcional.

Com o tempo, percebi que um carro mais apresentável poderia causar uma boa impressão durante as visitas aos clientes.

Decidi, então, financiar um carro melhor. Poucos meses depois dessa decisão, porém, minha vida tomou um rumo inesperado. Descobri que seria pai. A notícia chegou enquanto morávamos em uma casa muito simples, quase uma quitinete. Era um lar humilde, mas cheio de felicidade.

De repente, me vi diante de novas responsabilidades: um carro financiado, uma faculdade a ser paga e um filho a caminho. Foi nesse momento que aprendi uma lição importante: diante de várias batalhas, é preciso escolher qual delas lutar. Naquele cenário, optei por continuar investindo nos meus estudos, pois acreditava que eles poderiam transformar meu futuro. Contudo, manter o financiamento do carro se tornou inviável. Resolvi vender o veículo, comprar um modelo mais antigo e barato e seguir em frente.

Com a chegada do meu filho, as dificuldades financeiras aumentaram consideravelmente. Tive que trancar a faculdade pela segunda vez, mas mantive intactas a paz e a felicidade. Eu sabia que estava caminhando em direção ao meu objetivo principal: concluir a faculdade de engenharia, mesmo sem ter certeza de como o futuro se desdobraria.

Se naquela época me perguntassem onde eu estaria em cinco anos, eu provavelmente responderia que continuaria no ramo de telefonia, talvez em uma posição um pouco melhor. Jamais teria imaginado aonde realmente chegaria.

Seis meses depois, consegui retomar a faculdade. Nesse período de extrema dificuldade, sem crédito financeiro e dependendo de outras pessoas para realizar compras, aprendi muito sobre organização financeira e humildade. Com o tempo, adotei a prática de planejar e economizar para comprar tudo à vista, deixando para trás a dependência do crédito.

Esse foi um período crucial para trabalhar meu ego. Eu nunca fui egocêntrico, mas, como todos, tinha minhas fraquezas. Sentia a necessidade de aprovação externa, mas esse momento difícil me ensinou que o ego pode ser nosso maior inimigo. Aprendi a me preocupar menos com a opinião alheia e a focar no que realmente importava.

O que podemos aprender de tudo isso? É simples: aproveite o momento, independentemente das circunstâncias. Toda situação, boa ou ruim, traz um aprendizado valioso. Pergunte a si mesmo: O que posso tirar de positivo dessa experiência? Como posso usá-la para moldar meu futuro ou tomar a atitude certa no presente?

Lembre-se: cada desafio é uma oportunidade de crescimento. Mesmo nas dificuldades, há sementes para um futuro promissor.

A NOITE EM QUE QUASE DESISTI: O PODER DE RECOMEÇAR

Era uma noite quente de verão, e eu estava sentado na sala. Miguel, nosso filho, dormia no quarto ao lado. Na minha frente, uma pilha de contas e um e-mail aberto no celular: um cliente importante tinha acabado de cancelar um contrato que valia quase 800 mil reais. Era mais um golpe que poderia derrubar tudo o que eu vinha construindo. Naquele momento, senti um peso enorme em meus ombros. Olhei para as estrelas no céu além da janela, me perguntando: Será que estou louco por insistir nisso?

Então, Dalice saiu da cozinha com uma xícara de café nas mãos; ela sabia que eu precisava de um empurrãozinho naquela hora. Sem dizer nada, colocou o café na mesa e sentou ao meu lado. Depois de um silêncio que parecia eterno, ela falou: "Jhon, lembra quando decidirmos casar? Você acha que esse contrato é mais importante do que nosso propósito?". Eu sorri, mesmo com os olhos marejados. Ela tinha razão. Nosso casamento era o símbolo do começo da nossa vida juntos e da nossa resiliência.

Naquela noite, decidi que não ia desistir. Peguei um caderno velho e comecei a rabiscar um plano. Primeiro, listei o que eu podia controlar: minha experiência em engenharia, os contatos que já tinha no setor e a vontade de fazer acontecer. Depois, dividi o problema em pedaços menores, como aprendi correndo minha meia maratona: Se perdi um contrato de 800 mil reais, como recupero isso em seis meses? Escrevi três passos simples: prospectar cinco novos clientes, oferecer consultoria como serviço extra e renegociar prazos com fornecedores. Não era mágica, era movimento.

No dia seguinte, levantei às 4h49, meu horário de guerra, como chamo, e coloquei o plano em ação. Liguei para um antigo colega do setor elétrico, alguém que eu havia ajudado anos antes com dicas de planejamento. Ele não só me indicou um novo cliente, como também me conectou a uma distribuidora que precisava de um fornecedor urgente. Em duas semanas, fechei um contrato de 300 mil reais. Não era o total perdido no contrato anterior, mas era um começo. Nos meses seguintes, cada passo daquele plano me levou mais longe: a consultoria trouxe receita extra, os fornecedores aceitaram flexibilizar, e em cinco meses já tínhamos superado o desfalque inicial.

Aquela noite na sala poderia ter sido o fim. Em vez disso, foi um recomeço. Aprendi que os desafios não são sinais para parar, mas para ajustar as velas. Como disse meu pai: "Não tenha vergonha de trabalhar". Eu não tive vergonha de recomeçar. E foi exatamente essa reprogramação que me levou do zero aos milhões. Se eu consegui virar o jogo com um caderno, um café e um empurrão da minha parceira, você também pode.

O CUSTO DO ERRO LENTO

Quando demoramos a reconhecer um erro ou hesitamos em corrigi-lo, ele pode se tornar um peso crescente. Imagine estar dirigindo na estrada errada. Quanto mais tempo você leva para perceber o equívoco e retornar ao caminho certo, mais distante estará do seu destino. O erro em si não é o problema, mas a demora em corrigir o curso pode custar caro, em tempo, energia e recursos.

O PODER DE ERRAR RÁPIDO

Errar rápido é mais do que uma estratégia; é um mindset. É aceitar que erros são inevitáveis em qualquer processo de crescimento, mas que eles não precisam ser permanentes. Eles devem ser vistos como parte do aprendizado. Ao adotar essa abordagem, evitamos o desgaste emocional que vem da tentativa de mascarar ou justificar falhas, e focamos no que realmente importa: a solução.

COMO ERRAR RÁPIDO?

1. **Reconheça o erro cedo:** Esteja atento aos sinais de que algo não está indo conforme o planejado. Ter clareza sobre seus objetivos ajuda a identificar rapidamente quando você está fora do caminho.
2. **Assuma a responsabilidade:** Reconheça o erro sem tentar transferir a culpa. Essa honestidade acelera o processo de aprendizado e recuperação.
3. **Analise o que deu errado:** Entenda a causa do erro. O que foi negligenciado? O que pode ser melhorado na próxima tentativa?
4. **Faça ajustes rápidos:** Após identificar a falha, ajuste seu plano de ação e siga em frente sem demora.

ERROS COMO CATALISADORES DE INOVAÇÃO

Grandes invenções muitas vezes nasceram de erros. A história do Post-it, por exemplo, começou com um adesivo que não colava muito bem, um "fracasso" que foi transformado em uma solução inovadora. Quando erramos rápido, ganhamos tempo para transformar falhas em oportunidades.

A LIÇÃO FUNDAMENTAL

Errar rápido não significa que devemos ser imprudentes, mas que devemos ser ágeis em nossa capacidade de avaliar, aprender e corrigir. Afinal, o maior erro não é falhar. É deixar que o medo de falhar nos impeça de tentar. Cada erro carrega uma lição, e, quanto mais rápido a aprendermos, mais cedo estaremos prontos para o próximo passo.

Essa prontidão nos prepara para enfrentar os inevitáveis desafios do caminho. Um aprendizado que tive é que a vida não é definida pelas quedas que enfrentamos, mas pela rapidez com que nos levantamos. Desenvolver a capacidade de se recuperar rapidamente é uma habilidade poderosa, que transforma contratempos em oportunidades e fortalece a sua jornada.

Errar é humano, mas insistir em permanecer no erro pode ser paralisante. Reconheça os sinais, ajuste o curso e siga em frente com confiança. Cada momento de dificuldade é uma chance de aprendizado, e cada lição absorvida o prepara melhor para os desafios futuros.

Ao se recuperar rapidamente, você demonstra uma força interior que inspira e impacta aqueles ao seu redor. Mostra que o fracasso não é o fim, mas uma etapa necessária no caminho do sucesso. Lembre-se: o tempo perdido não é o que importa, mas sim o que você faz com o tempo que resta. Recalcule a rota e avance com a certeza de que a próxima tentativa pode ser o início de algo extraordinário.

A VIDA NÃO É DEFINIDA PELAS QUEDAS QUE ENFRENTAMOS, MAS PELA RAPIDEZ COM QUE NOS LEVANTAMOS.

@jhonathan_santoss

Bora cuidar

MOMENTO IRRADIAR

- **Foque no golpe** (**5 minutos**): Escreva um revés recente (ex.: "Perdi X").
- **Aja agora** (**3 minutos**): Liste um passo para se recuperar (ex.: "Buscar Y amanhã"). Teste até sexta-feira.
- **Olhe adiante** (**3 minutos**): Anote: "Isso me ensina Z para crescer". Use no próximo desafio.

Código 3

Mantenha uma mentalidade positiva

A MANEIRA COMO VOCÊ ENXERGA SEUS DESAFIOS DETERMINA A FORMA COMO OS SUPERA

Nos primeiros meses após minha demissão, acordei certo dia e pensei: "E agora?". Ali estava eu, sozinho, iniciando uma empresa de engenharia sem histórico técnico nem clientes. Era um momento de medo, dúvidas e incertezas. No entanto, em vez de permitir que essas emoções me paralisassem, eu me lembrei de uma conversa com um mentor, na qual compartilhei meu plano de construir o negócio. Ele disse: "Se tudo der errado, você pode voltar para onde está agora". Essa frase simples ressoou profundamente em mim. Ela trouxe uma clareza e uma tranquilidade que me permitiram olhar para a frente com coragem.

Manter uma mentalidade positiva não significa ignorar os desafios ou fingir que eles não existem. É uma escolha consciente de acreditar que, com esforço, estratégia e fé, sempre há uma saída, mesmo quando as circunstâncias parecem adversas.

PRATICANDO A "IRRADIAÇÃO" PARA FOCAR NO POSITIVO

Uma das práticas que incorporo à minha vida é o exercício constante da irradiação mental. Não se trata apenas de uma prática mental, mas de uma forma de alinhar emoções, pensamentos e ações para se preparar para os desafios. Para isso, mantenho uma lista de objetivos concluídos e desejados. Essa prática tem três componentes principais:

1. **Reconhecer conquistas passadas:** Constantemente olho para o que já alcancei e sou grato por cada conquista. Isso reforça minha confiança de que, se eu consegui superar desafios antes, posso fazer isso novamente.

2. **Visualizar o futuro desejado:** Mentalizo meus objetivos como se já fossem realidade. Imagino os detalhes, o sentimento de realização e o impacto positivo que isso trará. Essa prática não só alimenta minha motivação como também alinha minha mente ao que desejo alcançar.

3. **Cultivar a gratidão:** Ser grato pelo que temos é um poderoso antídoto contra pensamentos negativos. Gratidão traz uma sensação de plenitude, que nos permite encarar os desafios com um coração mais leve e resiliente.

Esse exercício dialoga com aquilo que está escrito na Bíblia: "Quero trazer à memória o que me pode dar esperança" (Lamentações 3,21). Sempre que enfrento momentos difíceis, essa passagem me inspira a mudar o foco. Ao relembrar as conquistas passadas, os momentos de superação e os sonhos que ainda estão por vir, encontro forças renovadas. Essa prática nos ajuda a enxergar além dos desafios e a nos conectar com a esperança que nos impulsiona a seguir em frente. Concentrar-se no que é bom não elimina os obstáculos, mas transforma a maneira como os enfrentamos.

É importante lembrar que nosso estado emocional altera o tamanho do desafio. Se reagirmos com negatividade, ele parecerá ainda maior. Por outro lado, quando enfrentamos as dificuldades com pensamentos positivos, encontramos soluções mais rapidamente e diminuímos o impacto emocional do problema.

A IMPORTÂNCIA DO PENSAMENTO POSITIVO

Durante a pandemia, por exemplo, a necessidade de manter uma mentalidade positiva foi mais evidente do que nunca. Nossos restaurantes estavam fechados, as receitas despencaram, e minha empresa de engenharia ainda dava os seus primeiros passos. Foi um cenário assustador. No entanto, escolhi enxergar as oportunidades escondidas na crise. Identifiquei uma demanda crescente por energia solar e ajustei rapidamente nosso modelo de negócios. Essa decisão nos manteve no mercado e nos posicionou como referência no setor.

Pensar positivamente não é um escape da realidade. É uma estratégia para encarar o que vem pela frente com força e clareza. Quando você acredita que o futuro guarda algo melhor, essa crença molda suas ações e, eventualmente, seus resultados.

ESCOLHA A LUZ, MESMO NA ESCURIDÃO

Manter uma mentalidade positiva não é um estado que se alcança uma vez e permanece para sempre. É uma escolha diária, um compromisso com o otimismo e a esperança. Mesmo quando tudo ao redor parece estar um caos, olhe para suas conquistas, mentalize o futuro que deseja e, acima de tudo, seja grato pelo que tem. Esse exercício constante não apenas fortalece sua mente, mas também transforma desafios em trampolins para o sucesso.

Sua mente é a sua maior aliada ou sua maior adversária, e a forma como você escolhe enxergar os desafios define como irá superá-los. Cultivar uma mentalidade positiva não significa ignorar as dificuldades, mas enfrentá-las com coragem e esperança, acreditando que cada obstáculo pode ser uma oportunidade de crescimento.

Pensamentos positivos criam ações positivas, e essas ações pavimentam o caminho para resultados extraordinários. Quando você se concentra no que é possível, em vez do que é impossível, sua energia se direciona para encontrar soluções, superar limites e construir um futuro melhor.

Manter a positividade é um ato de disciplina e escolha diária. Alimente sua mente com palavras de encorajamento, cerque-se de pessoas que elevem sua visão e lembre-se de celebrar pequenas vitórias ao longo do caminho. A luz que você traz ao mundo começa dentro de você. Então, escolha ser uma fonte de inspiração e resiliência, porque é a sua mentalidade que determina o tamanho das suas conquistas.

MOMENTO IRRADIAR

- **Liste três coisas boas (5 minutos):** Escreva três conquistas ou gratidões de hoje.
- **Veja o melhor (3 minutos):** Visualize um objetivo como realidade. Sinta a conquista.
- **Aja com luz (3 minutos):** Faça um gesto positivo hoje (ex.: agradeça a alguém).

Código 4

Adapte-se rapidamente às mudanças

Desde o início da minha trajetória empreendedora, aprendi que a única constante no mundo dos negócios e da vida é a mudança. O cenário que parece estável hoje pode ser completamente transformado amanhã, e é nesse contexto que a habilidade de adaptação se torna indispensável.

Em 2020, quando a pandemia assolou o mundo, fui forçado a encarar uma realidade que ninguém esperava. Dois dos meus restaurantes, que sustentavam as despesas diárias enquanto minha empresa de engenharia ainda estava ganhando tração, foram abruptamente fechados. Era uma situação que, para muitos, significava o fim de uma linha. Para mim, foi um chamado à ação.

Em momentos de crise, é natural sentir-se sobrecarregado. No entanto, rapidamente percebi que ficar paralisado pelas circunstâncias não resolveria o problema. Precisava agir, e rápido. Foi então que identifiquei uma oportunidade crescente no mercado de energia solar. Com tantas pessoas trabalhando de casa, a busca por soluções mais econômicas e sustentáveis para consumo de energia havia disparado. A demanda estava ali, e decidi redirecionar meus esforços para atendê-la.

Essa decisão foi um divisor de águas que transformou uma crise potencialmente devastadora em um trampolim para o crescimento. Não apenas mantivemos o negócio funcionando, mas nos posicionamos como uma referência no setor de energia renovável. Com isso, descobri que a mudança não é uma ameaça, mas uma oportunidade para reimaginar e crescer.

A NATUREZA DAS MUDANÇAS

Mudanças são inevitáveis. Elas podem vir na forma de uma crise global, como a pandemia, ou em desafios cotidianos, como mudanças de mercado, novas regulamentações ou a entrada de um concorrente inesperado. Independentemente de sua forma, resistir a elas é inútil. A capacidade de adaptação não é apenas uma vantagem competitiva; é uma questão de sobrevivência.

Pense em uma árvore que enfrenta uma forte tempestade. As que são rígidas demais acabam quebrando, enquanto as flexíveis se curvam ao vento, mas permanecem firmes. Adaptar-se não significa abrir mão de seus valores ou seus objetivos, mas sim ajustar a rota para que você possa continuar avançando, mesmo em meio à turbulência.

ANTECIPAÇÃO: O SEGREDO PARA UMA ADAPTAÇÃO ÁGIL

Adaptar-se rapidamente não se resume a reagir às mudanças à medida que elas acontecem. É sobre antecipá-las. Em meus anos como empreendedor, aprendi a importância de monitorar o ambiente ao meu redor, tendências de mercado, comportamentos dos consumidores e até sinais de instabilidade econômica.

Quando percebi que os restaurantes estavam vulneráveis a uma crise prolongada, já tinha algumas ideias de caminhos alternativos. Isso não significa que estava completamente preparado, mas estar atento ao que acontecia ao meu redor permitiu que eu reagisse mais rápido do que a maioria.

78

A CAPACIDADE DE ADAPTAÇÃO NÃO É APENAS UMA VANTAGEM COMPETITIVA; É UMA QUESTÃO DE SOBREVIVÊNCIA.

@jhonathan_santoss

Bora cuidar

APRENDIZADOS PRÁTICOS SOBRE ADAPTAÇÃO

A experiência com os restaurantes durante a pandemia não foi meu único teste de adaptação. Ao longo da minha carreira, enfrentei inúmeras mudanças que exigiram ajustes rápidos. Um exemplo marcante foi o período em que eu trabalhava em uma pizzaria durante minha adolescência. O pizzaiolo principal precisou sair às pressas, e o dono me perguntou se eu poderia assumir a função, mesmo sem experiência direta.

Aquela mudança repentina exigiu que eu usasse todas as lições que havia aprendido até então para me adaptar rapidamente à nova responsabilidade. No final, os clientes elogiaram as pizzas, e aquele momento reforçou minha crença de que estar preparado para o inesperado é uma habilidade indispensável.

ADAPTAÇÃO COMO UM ESTILO DE VIDA

Adaptar-se rapidamente não é apenas uma habilidade prática; é um mindset que precisa ser cultivado continuamente. Aqui estão alguns princípios que me ajudaram ao longo do caminho:

1. **Aceite a mudança como inevitável:** Resistir à mudança só aumenta o sofrimento. Encare-a como uma oportunidade de crescimento e aprendizado.

2. **Mantenha a mente aberta:** Muitas vezes, a solução para um problema não é óbvia à primeira vista. Esteja disposto a explorar novas ideias e perspectivas.

3. **Confie na sua capacidade de superar:** Se você já enfrentou desafios no passado, sabe que é capaz de superar outros. Use suas experiências anteriores como fonte de força.

4. **Invista em aprendizado contínuo:** Quanto mais você se desenvolve, mais preparado estará para lidar com as mudanças.

A RECOMPENSA DA ADAPTAÇÃO

A adaptação não é fácil. Muitas vezes, ela exige que deixemos nossa zona de conforto, que abandonemos planos cuidadosamente traçados e enfrentemos o desconhecido com coragem. No entanto, a recompensa é imensurável.

Se eu tivesse insistido em manter os restaurantes ou me recusado a explorar novos mercados após a perda financeira com meu primeiro cliente, minha trajetória poderia ter sido bem diferente. Mas, ao aceitar a mudança e agir rapidamente, encontrei oportunidades onde antes só havia obstáculos.

Adaptar-se rapidamente não se trata apenas de sobreviver. Significa prosperar. É transformar o inesperado em combustível para ir mais longe. E, acima de tudo, é acreditar que, mesmo nas situações mais desafiadoras, sempre existe uma maneira de crescer.

DESISTÊNCIA X FRACASSO

Você sabia que existem mais pessoas que desistem do que fracassam? Essa reflexão traz à tona uma verdade desconfortável, mas essencial: muitas vezes, o fracasso não é o que nos derrota, mas sim a desistência prematura. Seja no âmbito pessoal, profissional ou organizacional, é a falta de persistência que interrompe jornadas promissoras e bloqueia o potencial de transformação. Cada desafio traz uma lição, e cada lição nos torna mais fortes.

POR QUE DESISTIMOS ANTES DE FRACASSAR?

Desistir é, muitas vezes, uma resposta emocional ao medo, à frustração ou à exaustão. As dificuldades são interpretadas como sinais de que não somos capazes de seguir em frente. No entanto, o que realmente impede a continuidade não é o tama-

CADA DESAFIO TRAZ UMA LIÇÃO, E CADA LIÇÃO NOS TORNA MAIS FORTES.

@jhonathan_santoss
Bora cuidar

nho do desafio, mas a falta de crença no processo e na possibilidade de superação.

Nas organizações, isso se reflete na decisão de abandonar projetos inovadores diante de obstáculos iniciais. É mais fácil recuar do que enfrentar a incerteza e as críticas que acompanham mudanças de rota. Infelizmente, essa escolha resulta em oportunidades perdidas e em um ciclo de estagnação.

A DIFERENÇA ENTRE FRACASSO E DESISTÊNCIA

Fracassar implica tentar, aprender e ajustar a trajetória com base nas lições extraídas. Já desistir significa interromper a jornada antes mesmo de explorar todo o potencial de sucesso. Enquanto o fracasso é uma etapa natural no caminho do aprendizado, a desistência é o abandono desse processo, muitas vezes motivada pelo medo do julgamento ou pela falta de resiliência.

Lembro-me de uma experiência que vivi quando um cliente estratégico da minha empresa entrou em recuperação judicial. A perda financeira foi significativa, mas o impacto emocional foi ainda maior. Tive duas opções: aceitar o fracasso como um fim ou reavaliar a situação e buscar alternativas. Escolhi a segunda. Reformulei a estratégia da empresa, explorando novos mercados e serviços, o que não só nos manteve ativos, mas também nos colocou em um patamar mais sólido.

Se eu tivesse desistido naquele momento, minha história empresarial teria tomado um rumo completamente diferente.

POR QUE A PERSISTÊNCIA É TÃO RARA?

Existem algumas razões fundamentais para que as pessoas e as organizações não se mantenham persistentes:

1. **Falta de clareza nos objetivos:** Quando não sabemos exatamente aonde queremos chegar, qualquer obstáculo pode parecer insuperável. A clareza do propósito é o que mantém o foco e a motivação, mesmo diante das dificuldades.

2. **Medo do julgamento:** Muitos têm receio de como serão vistos caso não tenham sucesso imediato. Esse medo pode paralisar e levar à desistência antes mesmo de tentar novamente.

3. **Falta de resiliência emocional:** Persistir exige força emocional para lidar com rejeições, falhas e incertezas. Quando não cultivamos essa habilidade, tendemos a desistir ao menor sinal de resistência.

4. **Subestimação do processo:** As pessoas frequentemente superestimam o tempo e o esforço necessários para alcançar o sucesso. Quando os resultados não aparecem rapidamente, tornam-se impacientes e desmotivadas.

5. **Falta de uma cultura de aprendizado nas organizações:** Nas empresas, muitas vezes a pressão por resultados imediatos inibe a inovação e a tentativa de novos caminhos. Falhas são vistas como derrotas, em vez de oportunidades de aprendizado.

O QUE DIFERENCIA QUEM PERSISTE DE QUEM DESISTE?

Aqueles que persistem compartilham algumas características em comum:

- **Mentalidade de crescimento:** Enxergam contratempos como oportunidades de aprendizado.
- **Clareza de propósito:** Sabem exatamente o que querem e por que estão seguindo um determinado caminho.
- **Flexibilidade:** Estão dispostos a ajustar suas estratégias sem abandonar seus objetivos finais.

- **Resiliência emocional:** São capazes de lidar com críticas, incertezas e falhas sem perder o foco.

O IMPACTO DA PERSISTÊNCIA NAS ORGANIZAÇÕES

Por que tantas empresas abandonam a luta ou evitam a reprogramação de rota? Porque mudar exige coragem, flexibilidade e a disposição de admitir que algo precisa ser ajustado. No entanto, quando isso é feito, os resultados podem ser revolucionários.

Um exemplo claro foi minha decisão de mudar o foco da empresa para o mercado de energia solar durante a pandemia. Enfrentamos críticas, incertezas e muitos ajustes ao longo do caminho, mas persistimos porque acreditávamos no potencial dessa transformação. O resultado? Tornamo-nos uma referência em um setor em crescimento.

PERSISTIR NÃO É TEIMOSIA; É INTELIGÊNCIA ESTRATÉGICA

Persistir não significa insistir cegamente em algo que não está funcionando. É sobre ajustar a rota, aprender com os erros e continuar avançando com base em novos insights. Isso exige tanto coragem quanto humildade para reconhecer que precisamos melhorar continuamente.

O QUE VOCÊ PODE FAZER PARA APRENDER COM OS CONTRATEMPOS E PERSISTIR?

1. **Aceite o aprendizado contínuo:** Cada desafio carrega uma lição. Use-a para ajustar sua estratégia.
2. **Reforce sua visão de longo prazo:** Lembre-se de que os resultados duradouros exigem tempo e esforço.

3. **Cultive resiliência emocional:** Aprenda a lidar com a incerteza e as críticas sem permitir que elas determinem seu valor.
4. **Crie um ambiente de suporte:** Seja pessoal ou organizacional, ter uma rede de apoio é essencial para manter o foco e a motivação.

A LIÇÃO FINAL

Existem mais pessoas que desistem do que fracassam porque é mais fácil abandonar o barco do que enfrentar a tempestade. No entanto, aqueles que escolhem persistir, mesmo quando o caminho é árduo, encontram as recompensas que outros nunca alcançarão.

O fracasso é um processo de aprendizado; a desistência é uma interrupção do processo. Escolha aprender, ajustar e seguir em frente. Persistir é a chave para transformar contratempos em conquistas e desafios em oportunidades.

CONCLUSÃO DO PILAR II

Cada contratempo carrega em si uma oportunidade oculta: a chance de aprender, crescer e se reinventar. Enxergar as falhas como lições, e não como derrotas, é o que separa aqueles que avançam daqueles que permanecem paralisados. O verdadeiro fracasso não está em errar, mas em não aproveitar a chance de aprender com o erro.

Os desafios que enfrentamos nos moldam, fortalecem e preparam para os próximos passos. Cada tropeço é um lembrete de que a jornada é tão importante quanto o destino e que as dificuldades são parte essencial do caminho para o sucesso. Aprender com contratempos é um ato de humildade e sabedoria.

Ao longo desta etapa, você descobriu que a resiliência não é apenas a capacidade de suportar as tempestades, mas de prosperar nelas. Você aprendeu que a adaptação é mais do que uma reação. É uma estratégia para se antecipar às mudanças e usá-las a seu favor. Essas habilidades o equipam para seguir em frente, mesmo quando o caminho parece incerto.

Mas lembre-se: a jornada não termina aqui. Você agora está mais forte, mais consciente de sua capacidade de superar e mais preparado para enfrentar os desafios que estão por vir. No entanto, o próximo passo exigirá algo ainda mais poderoso. A força da conexão.

MOMENTO IRRADIAR

- **Perceba o erro (5 minutos):** Escreva um contratempo. Como no cliente falido, encontre uma lição.
- **Fale hoje (3 minutos):** Compartilhe com alguém: "Aprendi X". E questione: "E você?".
- **Tente de novo (3 minutos):** Anote um novo ajuste (ex.: "Faço Y diferente"). Teste isso durante sete dias.

O QUE ESPERAR DO PILAR III?

No próximo pilar, você aprenderá como construir relacionamentos que potencializam o sucesso, como se cercar de pessoas que o impulsionem e como compartilhar recursos e conhecimentos para criar um impacto ainda maior.

A verdadeira grandeza nunca é alcançada sozinha. O poder das conexões está em sua capacidade de abrir portas, fornecer suporte e inspirar ações. Seja no âmbito pessoal ou profissional, a colaboração é a base para conquistas duradouras e significativas.

Prepare-se para explorar como formar redes sólidas, buscar orientação de mentores, colaborar com outras pessoas e compartilhar suas próprias experiências para enriquecer a jornada dos outros. No final, você verá que a soma das forças individuais cria algo muito maior do que a soma das partes.

Continue firme em sua jornada. Você já superou desafios, ajustou suas velas ao vento e manteve sua visão clara. Agora, é hora de abrir caminho para as conexões e as colaborações que levarão sua trajetória a novos patamares.

Com essa resiliência ativada, o Pilar III vai ensinar como usar conexões para crescer além do que você cresceria sem ajuda.

3

PILAR III

Conecte-se

O sucesso nunca é alcançado sozinho. Cada grande realização está entrelaçada com o apoio, a inspiração e a colaboração de outros. Durante minha visita à Universidade Stanford, refleti sobre o que impulsionava as empresas do Vale do Silício a saírem do zero e se tornarem algumas das maiores organizações do mundo, como Google, Facebook, PayPal e Netflix. O que essas empresas tinham em comum? Para mim, ficou muito claro que três características definem aquele ambiente único: **Ambiente, Conexões e Acessos**. Esses elementos não são isolados; eles se conectam e se reforçam, criando um ecossistema propício para o crescimento exponencial.

Neste pilar, abordaremos **Colaboração e Conexões**, explorando como construir uma rede de apoio sólida, colaborar com outros de forma estratégica, buscar orientação de mentores e compartilhar conhecimentos. Todas essas práticas estão profundamente conectadas à minha trajetória e ao que aprendi ao longo dos anos.

Código 1

Construa uma rede de apoio sólida

Quando olhamos para trajetórias de sucesso, tanto pessoais quanto profissionais, é evidente que ninguém chega ao topo sozinho. No Vale do Silício, durante minha visita à Universidade Stanford, isso ficou ainda mais claro. Empresas como Google, Facebook e PayPal não apenas nasceram de grandes ideias, mas também foram impulsionadas por um ecossistema de conexões estratégicas. Ambiente, conexões e acessos se interligam em uma sinergia que possibilita inovação, colaboração e crescimento. Isso me fez perceber como a verdadeira força de uma rede não está no que ela pode fazer por você, mas no impacto coletivo que ela gera.

Esse princípio não se aplica apenas a grandes corporações. Em qualquer jornada, a construção de uma rede sólida de apoio é um fator determinante para alcançar resultados extraordinários. Contudo, construir essa rede exige mais do que adicionar contatos à sua lista de telefones; trata-se de nutrir relacionamentos genuínos, baseados em confiança, colaboração e valores compartilhados.

CONEXÕES AO LONGO DA MINHA TRAJETÓRIA

Ao refletir sobre minha trajetória, percebo que cada passo significativo foi impulsionado por uma conexão. Meu primeiro emprego de carteira assinada foi na C&A Modas, onde eu atuava na área de novos produtos. Nesse ambiente, tive meu primeiro

CONSTRUIR ESSA REDE EXIGE MAIS DO QUE ADICIONAR CONTATOS À SUA LISTA DE TELEFONES; TRATA-SE DE NUTRIR RELACIONAMENTOS GENUÍNOS, BASEADOS EM CONFIANÇA, COLABORAÇÃO E VALORES COMPARTILHADOS.

@jhonathan_santoss
Bora cuidar

contato com operadoras de telefonia, como a Claro. Essa interação me levou a uma nova oportunidade como promotor de vendas de planos de celular, que, por sua vez, abriu as portas para um cargo de consultor direto na própria operadora.

Essas conexões continuaram a se expandir de forma natural e estratégica. Durante esse período, enquanto eu cursava engenharia, comecei a me conectar com colegas e professores que já atuavam no setor, em áreas como construção, manutenção e consultoria. Essas interações abriram portas e me proporcionaram insights valiosos sobre os diversos caminhos possíveis dentro do mercado de engenharia.

Foi através dessas conexões que surgiu uma oportunidade em uma empresa de engenharia e consultoria. Aceitei o desafio e iniciei minha carreira como consultor técnico. Esse foi um marco importante na minha trajetória, pois não apenas adquiri conhecimento técnico, como também conheci pessoas que ampliaram ainda mais minha rede de contatos.

Durante meu tempo nessa empresa, fui apresentado ao setor de construção naval, que na época estava em plena expansão no Brasil, impulsionado por inúmeras encomendas e projetos ambiciosos. A área me chamou a atenção pela complexidade e pelo potencial de crescimento. Decidi me candidatar a uma vaga e, para minha satisfação, fui aprovado. Assim, comecei minha caminhada no setor naval.

Minha jornada ali foi marcada por desafios e aprendizados. Com o tempo, fui promovido a supervisor de planejamento e controle. Nessa posição, tive a responsabilidade de gerenciar contratos, revisar orçamentos e cuidar de áreas críticas dos projetos. Esse período foi fundamental para desenvolver minha habilidade de análise estratégica e resolução de problemas em grande escala.

Enquanto trabalhava na construção naval, continuei ampliando minha rede de contatos. Conheci profissionais que atuavam no setor de energia, mais especificamente na área de distribuição. Uma dessas conexões me levou a ser convidado para integrar uma das maiores empresas do setor. Esse convite marcou o início de uma nova fase na minha carreira, onde pude explorar ainda mais o impacto de boas conexões e da construção de relacionamentos estratégicos.

Cada etapa da minha trajetória foi como uma peça de um quebra-cabeça, conectando-se de maneira quase orgânica para formar algo maior. Mais do que simplesmente avançar na carreira, cada passo foi guiado pelo poder das conexões e pela capacidade de identificar e aproveitar as oportunidades que surgiram ao longo do caminho.

Essa rede não só me abriu portas, como ofereceu suporte em momentos de incerteza. Quando decidi empreender, precisei buscar pessoas que já haviam percorrido o caminho que eu desejava trilhar. Modelei ações de empresários experientes, li biografias inspiradoras e absorvi aprendizados que me ajudaram a evitar erros custosos. Essas conexões me deram, além de recursos práticos, a confiança para continuar, mesmo diante dos maiores desafios.

A IMPORTÂNCIA DE UMA REDE ATIVA E ESTRATÉGICA

Construir uma rede sólida não significa apenas ter alguém para recorrer em momentos de dificuldade. Vai além disso. Uma rede robusta funciona como uma teia, em que cada fio é uma conexão que pode gerar oportunidades, ideias e insights. É um ambiente de trocas mútuas, onde todos se beneficiam.

Para isso, é essencial cultivar esses relacionamentos de forma contínua. Não espere até precisar de ajuda para se conectar com alguém. Invista em pessoas antes que surja a necessidade. Isso pode ser feito de várias maneiras: oferecendo seu tempo, compartilhando conhecimento ou simplesmente mostrando interesse genuíno pela jornada dos outros.

Por exemplo, durante meus primeiros passos como empresário, precisei me conectar com pessoas que tinham conhecimento técnico e experiência no setor em que eu estava ingressando. Essas conexões não vieram automaticamente, foram resultado de um esforço deliberado para construir relacionamentos autênticos. Quando participei de eventos, workshops e reuniões de negócios, meu objetivo não era somente apresentar minha empresa, mas aprender com outros e oferecer algo em troca, mesmo que fosse apenas um insight ou uma sugestão.

REDES DE APOIO EM DIFERENTES ESFERAS

Uma rede de apoio sólida pode existir em várias esferas: familiar, profissional e até espiritual. Cada uma desempenha um papel único no seu desenvolvimento. No ambiente familiar, a rede é construída com base no suporte emocional e na confiança. No contexto profissional, ela envolve colegas, mentores, parceiros de negócios e até mesmo concorrentes.

Durante a pandemia, por exemplo, minha rede profissional foi crucial para me ajudar a identificar uma nova direção para minha empresa. Enquanto muitas pessoas ao meu redor enfrentavam o medo do desconhecido, eu me apoiava em conversas estratégicas com parceiros e conselheiros que me ajudaram a pivotar rapidamente para o mercado de energia solar. Essa transição foi possível porque eu já havia cultivado relacionamentos que me permitiram acessar esse ambiente com informações e recursos determinantes.

FAZER O BEM SEM ESPERAR RETORNO IMEDIATO

Construir uma rede de apoio também exige uma mentalidade altruísta. Sempre acreditei que fazer o bem traz benefícios imensuráveis, mesmo que esses benefícios não sejam imediatos ou diretos. Um dos princípios que me guiam é: **"Mais bem-aventurado é aquele que dá do que aquele que recebe"** (Atos 20,35). Quando tomamos decisões e iniciamos projetos, devemos sempre avaliar quantas pessoas serão beneficiadas. Quanto maior o impacto positivo, maior será a probabilidade de sucesso do projeto.

Lembro-me de um conselho que recebi: **"Se você quer ter sucesso, concentre-se em ajudar outras pessoas a alcançá-lo"**. Essa filosofia não só fortalece sua rede, mas também cria um ciclo de gratidão e reciprocidade que se expande ao longo do tempo.

DICAS PRÁTICAS PARA CONSTRUIR UMA REDE SÓLIDA

1. **Identifique pessoas-chave:** Procure indivíduos que podem agregar valor à sua jornada, seja pelo conhecimento, pela experiência ou pela perspectiva única que oferecem.
2. **Seja intencional:** Participe de eventos, conecte-se com pessoas em sua área de interesse e mantenha contato regular.
3. **Ofereça valor:** Não procure conexões apenas para obter algo em troca. Contribua genuinamente para o crescimento e o sucesso dos outros.
4. **Cultive relacionamentos:** Relacionamentos não se constroem do dia para a noite. Invista tempo e energia para nutrir conexões autênticas.
5. **Seja recíproco:** Ajude os outros sempre que possível. Lembre-se de que cada ato de bondade tem um impacto duradouro.

A RECOMPENSA DE UMA REDE SÓLIDA

No final, a verdadeira força de uma rede está no impacto coletivo que ela gera. Uma rede de apoio sólida não apenas facilita

SE VOCÊ QUER TER SUCESSO, CONCENTRE-SE EM AJUDAR OUTRAS PESSOAS A ALCANÇÁ-LO.

@jhonathan_santoss

Bora cuidar

o alcance de seus objetivos, mas também cria um ambiente onde todos podem crescer juntos. As conexões que construímos ao longo da vida são as pontes que nos levam além, que nos sustentam nos momentos difíceis e nos impulsionam a voar mais alto. Cada pessoa em sua jornada pode trazer lições, oportunidades e inspiração. Cultivar essas conexões exige generosidade, paciência e a disposição de contribuir sem esperar algo em troca.

Como você viu até aqui, ao longo de minha jornada cada conexão, cada interação contribuiu para formar o alicerce de algo maior. Portanto, invista em pessoas, colabore com generosidade e veja sua rede florescer. Uma rede de apoio é o reflexo de quem você é e do impacto que deseja causar no mundo. Construa relações que inspirem e enriqueçam sua caminhada, pois, no final, são as pessoas que tornam o sucesso verdadeiramente significativo. Afinal, ninguém conquista grandes coisas sozinho.

MOMENTO IRRADIAR

- **Identifique um parceiro (5 minutos):** Escreva um objetivo e uma pessoa que pode ajudar a concretizar essa meta (ex.: "Z faz X").
- **Proponha hoje (3 minutos):** Envie uma ideia: "Vamos fazer Y juntos?". Responda até amanhã.
- **Valorize o ganho mútuo (3 minutos):** Anote: "Eu ganho A, ele ganha B". Veja o impacto em sete dias.

Código 2
Colabore ativamente com outras pessoas

A colaboração transforma o individual em coletivo, e o coletivo em algo extraordinário. Colaborar vai além de simplesmente trabalhar com outras pessoas. Trata-se de criar sinergia, potencializar habilidades e transformar o ordinário em algo extraordinário. Ao longo da minha trajetória, percebi que grandes realizações raramente são fruto do esforço isolado de um indivíduo. Elas emergem de parcerias estratégicas, nas quais diferentes talentos e perspectivas se unem para alcançar objetivos compartilhados.

O PODER DA COLABORAÇÃO DESDE O INÍCIO

Minha primeira lição sobre o impacto da colaboração surgiu ainda no início da minha carreira, quando trabalhava em vendas. Apesar de a função parecer individualista, descobri que as trocas constantes com colegas melhoravam significativamente os resultados. Compartilhávamos abordagens, discutíamos objeções comuns e ajustávamos estratégias. Essas conversas informais eram, na verdade, exercícios poderosos de aprendizado coletivo que mostravam como o esforço conjunto superava qualquer resultado individual.

Essa percepção continuou durante minha graduação em engenharia. Estudando à noite e trabalhando durante o dia,

A COLABORAÇÃO TRANSFORMA O INDIVIDUAL EM COLETIVO, E O COLETIVO EM ALGO EXTRAORDINÁRIO.

@jhonathan_santoss
Bora cuidar

aprendi o valor de ajudar e ser ajudado. Muitos colegas enfrentavam dificuldades em algumas matérias, e eu me dedicava a ensiná-los. Esse ato não apenas os beneficiava, mas também me ajudava a fixar o conteúdo de forma mais profunda. Aprender ensinando tornou-se um dos alicerces do meu entendimento sobre colaboração: ao contribuir, crescemos juntos.

EXPERIÊNCIA PRÁTICA E DESAFIOS

Minha trajetória como consultor técnico em uma empresa de engenharia trouxe um exemplo claro da força da colaboração em situações complexas. Certo dia, fomos contratados para reestruturar um projeto problemático de infraestrutura elétrica em uma grande instalação industrial. O maior obstáculo não era técnico, mas a desconexão entre as equipes envolvidas, cada uma focada em sua própria função, sem uma visão integrada.

Propus uma abordagem colaborativa simples: reunir todas as partes interessadas em uma mesma sala para alinhar expectativas e discutir as questões de maneira conjunta. Essa reunião inicial revelou problemas que, isoladamente, ninguém conseguia identificar. Trabalhando juntos, encontramos soluções práticas que superaram as dificuldades iniciais. Não apenas entregamos o projeto no prazo, como criamos um modelo de integração que seria replicado em outros projetos da empresa.

Essa experiência reforçou a ideia de que a soma de esforços supera qualquer barreira individual. Colaborar não é dividir responsabilidades; é combinar forças para alcançar algo que nenhum de nós poderia fazer sozinho.

COLABORAÇÃO COMO BASE PARA INOVAÇÃO

Uma das minhas maiores lições sobre colaboração veio ao empreender. Quando iniciei minha empresa de engenharia, precisei me conectar com especialistas de diferentes áreas para estruturar o negócio. Modelar estratégias de profissionais mais experientes, discutir planos com parceiros e compartilhar ideias com a equipe se tornaram práticas essenciais.

Por exemplo, ao ingressar no setor de construção naval, eu sabia que enfrentaria desafios técnicos e de mercado. Para isso, busquei estabelecer parcerias estratégicas com fornecedores, clientes e até concorrentes. Essas conexões me permitiram entender melhor o setor, identificar oportunidades e construir soluções inovadoras. Esse aprendizado contínuo através da colaboração foi fundamental para sustentar e expandir o negócio.

LIDERANÇA COLABORATIVA

A colaboração não se limita a pares ou parceiros externos; ela também é uma ferramenta poderosa de liderança. Muitas vezes, as pessoas têm uma visão limitada e até incorreta do que significa liderar. A maioria tende a compreender essa posição como alguém que está ali para tomar decisões de forma autônoma ou ter todas as respostas. O que eu vi na prática é um pouco diferente: liderar envolve sobretudo ouvir, integrar e potencializar o melhor de cada indivíduo. Quando liderei equipes, descobri que encorajar a participação ativa de todos não apenas gera melhores resultados, mas também fortalece o engajamento e a motivação.

Quando as pessoas se sentem ouvidas e percebem que suas ideias têm valor real no processo de construção coletiva, elas se comprometem mais com os objetivos do grupo e trabalham com maior entusiasmo. Faz parte de ser humano esse desejo de contribuir, de agregar. Quando unimos forças, ideias e habilidades, criamos algo maior do que qualquer um poderia alcançar sozinho. A verdadeira magia da colaboração está na soma de perspectivas, na troca de experiências e no crescimento mútuo que ela proporciona.

Lembro-me de um projeto desafiador em que cada membro da equipe foi incentivado a propor soluções. Não importava o cargo ou o tempo de experiência do colaborador: todos podiam se sentir livres para apresentar soluções. No início, as ideias pareciam desconexas, mas ao refinarmos essas contribuições criamos uma abordagem inovadora que atendeu perfeitamente às necessidades do cliente. Essa experiência demonstrou que líderes que valorizam a colaboração promovem uma cultura de inovação e confiança.

CONSTRUINDO UMA CULTURA DE COLABORAÇÃO

Para que a colaboração prospere, é essencial criar um ambiente que valorize a troca de ideias e o respeito mútuo. Isso inclui:

1. **Promover a confiança:** As pessoas precisam sentir-se seguras para compartilhar suas opiniões.
2. **Reconhecer contribuições:** Celebrar os esforços individuais e coletivos aumenta o engajamento.
3. **Estimular a diversidade de perspectivas:** Grandes soluções surgem quando diferentes pontos de vista são considerados.

O IMPACTO DE COLABORAR ATIVAMENTE

Além de gerar resultados superiores, a colaboração cria conexões mais profundas e fortalece relacionamentos. Durante minha jornada, percebi que muitos dos insights mais valiosos vieram de conversas informais, trocas inesperadas e parcerias estratégicas. Essas interações não apenas enriqueceram minha visão, mas também me ajudaram a superar momentos desafiadores.

Um exemplo marcante foi quando precisei pivotar meu negócio para o setor de energia renovável. Não teria sido possível sem a colaboração com parceiros, clientes e minha própria equipe. A troca de ideias e a disposição de trabalhar juntos foram cruciais para transformar um desafio em uma oportunidade de crescimento.

Colaborar é mais do que atingir resultados. É construir um legado que transcende realizações individuais. Quando trabalhamos juntos, criamos algo maior do que a soma de nossas partes. Mais do que isso: aprendemos, crescemos e inspiramos uns aos outros a alcançar novos patamares. Isso exige humildade para ouvir, generosidade para contribuir e coragem para confiar. Mas o resultado é recompensador.

Lembre-se: colaborar ativamente é uma escolha. É uma forma de construir pontes, criar impacto e transformar o coletivo em algo extraordinário. Ao adotar essa mentalidade, você não apenas maximiza seus resultados, mas também fortalece os alicerces de um sucesso duradouro e compartilhado. Valorize as pessoas ao seu redor, incentive a troca de ideias e celebre as vitórias compartilhadas. Ao colaborar ativamente, você avança em seus objetivos, bem como inspira outros a fazer o mesmo. Juntos, podemos ir mais longe.

DICAS PRÁTICAS PARA COLABORAÇÃO EFICAZ

1. **Seja intencional:** Identifique as pessoas com quem você pode colaborar e cultive esses relacionamentos.
2. **Comunique-se com clareza:** Garanta que todos entendam os objetivos e as expectativas.
3. **Seja aberto a feedbacks:** Esteja disponível para ouvir e ajustar suas abordagens.
4. **Compartilhe resultados:** Reconheça as conquistas coletivas e celebre o sucesso em equipe.

MOMENTO IRRADIAR

- **Foque no grupo (5 minutos):** Escolha um objetivo e um grupo. Como no projeto elétrico, escreva uma ideia.
- **Proponha hoje (3 minutos):** Sugira: "Vamos fazer X juntos?". Cumpra até amanhã.
- **Veja o todo (3 minutos):** Anote: "Isso nos leva a Y". Planeje o próximo passo.

Código 3

Busque orientação de mentores

Mentores são atalhos para sabedoria. Eles já trilharam o caminho que você está prestes a percorrer. Vejo a mentoria como uma das ferramentas mais valiosas para encurtar a curva de aprendizado e evitar erros comuns em qualquer jornada. Um mentor experiente não só oferece conselhos baseados em vivências reais, mas também apresenta perspectivas que talvez nunca tenham passado pela sua mente. A orientação de mentores transforma experiências individuais em lições compartilhadas, ajudando a traçar um caminho mais eficiente e seguro rumo ao sucesso.

O VALOR INESTIMÁVEL DOS MENTORES

Ao longo da minha trajetória, uma das lições mais importantes que aprendi foi que não precisamos reinventar a roda. Existem pessoas que já enfrentaram desafios semelhantes aos nossos, aprenderam com seus erros e estão dispostas a compartilhar esse conhecimento. Um mentor age como guia, ajudando a navegar pelos obstáculos e trazendo clareza ao que está por vir.

Um momento marcante em minha memória ocorreu quando decidi assumir um projeto em uma área completamente nova. Antes de mergulhar de cabeça, entrevistei empresários experientes que já haviam liderado iniciativas semelhantes. Perguntei a cada um: "Se estivesse no meu lugar, quais seriam as três primeiras ações que tomaria?". As respostas variaram, mas todas trouxeram insights valiosos e aplicáveis. Esses conselhos, além de me fazerem economizar tempo e recursos, evitaram que eu tomasse decisões precipitadas ou ruins.

ESCOLHENDO MENTORES

Selecionar um mentor adequado é essencial para garantir que os conselhos sejam relevantes e aplicáveis. Aprendi que os melhores mentores compartilham três características fundamentais:

1. **Experiência relevante:** O mentor já enfrentou desafios semelhantes aos seus e entende o contexto necessário para oferecer orientações práticas.
2. **Alinhamento de valores:** O mentor compartilha princípios e valores semelhantes aos seus, garantindo que suas orientações estejam alinhadas com sua visão de mundo.
3. **Clareza na comunicação:** Ele consegue traduzir sua experiência em lições acessíveis e aplicáveis.

Certa vez, no início da minha carreira, busquei conselhos de alguém bem-intencionado, mas que não possuía experiência na área em que eu atuava. Apesar de as sugestões parecerem úteis, elas se mostraram inadequadas ao contexto específico. Essa experiência reforçou a importância de escolher mentores que realmente compreendam o caminho que queremos seguir.

O PAPEL DA HUMILDADE

Buscar mentoria exige humildade. É necessário reconhecer que não sabemos tudo e estar abertos para ouvir, mesmo quando o feedback for desconfortável. Lembro-me de um mentor que destacou falhas em como eu liderava minha equipe. Embora inicialmente fosse difícil de aceitar, percebi, ao refletir, que ele estava absolutamente certo. Ajustar minha abordagem fortaleceu o relacionamento com minha equipe, além de aumentar nossa produtividade.

Por outro lado, é crucial filtrar os conselhos recebidos. Nem tudo será aplicável à sua realidade. Analise cada orientação dentro do contexto de seus objetivos de curto e longo prazo.

A IMPORTÂNCIA DA MENTORIA EM MOMENTOS CRÍTICOS

Em períodos de transição ou incerteza, a mentoria se torna ainda mais essencial. Quando decidi empreender, enfrentei desafios inéditos, como criar um plano de negócios e captar recursos. Foi nesse momento que os mentores se mostraram indispensáveis. Um empresário experiente me aconselhou sobre os riscos de depender exclusivamente de grandes contratos e recomendou diversificar minha base de clientes. Essa orientação foi fundamental para garantir a sustentabilidade do meu negócio.

SER MENTOR É TAMBÉM UM APRENDIZADO

A mentoria é uma via de mão dupla. Assim como aprendemos com nossos mentores, também crescemos ao orientar outras pessoas. Quando compartilhamos nossas experiências, somos desafiados a organizar pensamentos, refletir sobre decisões e, muitas vezes, identificar áreas de melhoria.

Recordo de uma vez em que orientei um jovem profissional que cstava começando na engenharia. Compartilhar minhas vivências foi gratificante, mas também aprendi com sua visão fresca e suas perguntas instigantes. Mentoria é, de fato, uma troca enriquecedora para ambos os lados.

COMO MAXIMIZAR OS BENEFÍCIOS DA MENTORIA

1. **Defina objetivos claros:** Saiba o que deseja alcançar com a mentoria para direcionar as conversas.
2. **Seja proativo:** Traga questões específicas e tenha disposição para aplicar os conselhos recebidos.
3. **Cultive o relacionamento:** Mantenha contato regular e informe seu mentor sobre seus avanços.
4. **Retribua:** Ofereça algo em troca, como gratidão ou disponibilidade para orientar outros no futuro.

O IMPACTO DURADOURO DA MENTORIA

Mentores são como faróis que iluminam os momentos de escuridão. Eles oferecem mais do que conselhos. Proporcionam apoio emocional, inspiração e uma visão mais ampla do caminho a seguir. Ao buscar mentoria, você investe em sua própria evolução, economizando tempo, evitando erros e alcançando seus objetivos com mais segurança.

Nunca subestime o poder da orientação. Ela não é apenas sobre conselhos; é sobre enxergar novas perspectivas, receber desafios que ampliam sua visão e encontrar inspiração para seguir em frente. Aprenda com aqueles que vieram antes, seja humilde para ouvir, tenha coragem para aplicar e generosidade para compartilhar o que aprendeu. O legado de um mentor vai muito além do impacto individual; ele cria um ciclo de aprendizado e inspiração que transforma vidas e gerações. E com isso você não somente acelera seu progresso, mas também se prepara para retribuir esse conhecimento um dia, orientando e inspirando outros.

MOMENTO IRRADIAR

- **Ache o guia (5 minutos):** Nomeie uma pessoa que já fez o que você quer (ex.: "Z cresceu rápido"). Como eu fiz no MIT.

- **Fale hoje (3 minutos):** Envie uma mensagem do tipo "Admiro muito você, X. Por isso, posso te perguntar Y?". Faça isso até o fim da semana.
- **Retribua (3 minutos):** Ajude um novato com uma lição sua (ex.: "Faça W"). Veja o que aprende de volta.

Código 4

Compartilhe conhecimento

Ao longo da minha jornada, percebi que os momentos mais enriquecedores surgiram quando troquei experiências com outras pessoas. Quando iniciei minha carreira, participei de um projeto que exigia um conhecimento técnico que eu ainda não dominava completamente. Fui designado para trabalhar ao lado de um veterano que, pacientemente, me guiou por cada etapa do processo. Ele não apenas me ensinou habilidades práticas, mas também compartilhou histórias de erros e sucessos que moldaram minha abordagem para desafios futuros.

Por outro lado, também experimentei o impacto de ensinar. Quando assumi a liderança de uma equipe pela primeira vez, percebi que compartilhar meus aprendizados e incentivar o crescimento dos outros era tão gratificante quanto meu próprio desenvolvimento. Ao ensinar, não apenas consolidamos o que sabemos, mas também aprendemos novas perspectivas. Sempre que respondia a uma pergunta ou explicava algo complexo de maneira mais simples, entendia que estava reforçando meu próprio entendimento e ampliando a conexão com os colegas.

Quando nos dispomos a compartilhar, abrimos espaço para que nossa própria abundância cresça. Muitas vezes queremos resolver problemas de terceiros sem ao menos compreender as raízes da circunstância. Isso raramente resolve a situação. O verdadeiro impacto vem de ensinar e empoderar as pessoas para que elas mesmas possam superar seus desafios.

O PODER DE COMPARTILHAR

Acredito profundamente que o conhecimento ganha significado real quando é compartilhado. E nessa dinâmica ele nunca diminui; só se multiplica. Ele não apenas transforma quem recebe, mas também enriquece a quem doa. Isso me faz lembrar de uma frase que me marcou: "Como derramar sobre a vida de alguém se não estivermos cheios?". Pense nisto: para compartilhar, precisamos estar transbordando de experiências, sabedoria e disposição para ajudar. É esse transbordo que cria conexões genuínas e transforma ambientes, empresas e vidas.

Ao longo da minha carreira, aprendi que compartilhar conhecimentos não é somente um gesto altruísta, mas sim uma estratégia poderosa. Quando ajudamos os outros a crescer, estamos simultaneamente construindo um ambiente mais colaborativo, sólido e confiável. Essa prática cria um ciclo de confiança e reciprocidade que sempre retorna, frequentemente de formas inesperadas e transformadoras.

O APRENDIZADO NA PRÁTICA

Durante a faculdade, notei o impacto positivo de ensinar o que sabia aos meus colegas. Mesmo com uma rotina exaustiva de trabalho durante o dia e estudos à noite, reservava tempo para ajudar a quem tivesse dificuldades em matérias específicas. Para minha surpresa, cada vez que ensinava, eu aprendia ainda mais. Acontecia uma espécie de simbiose intelectual: explicar conceitos reforçava meu entendimento e aprofundava meu conhecimento. Essa experiência inicial me mostrou que compartilhar não apenas beneficia os outros, mas também fortalece nossas próprias habilidades e competências.

No ambiente de trabalho, essa prática se mostrou ainda mais relevante. Lembro-me de um projeto em que a equipe enfrentava desafios técnicos que pareciam insuperáveis. Decidi compartilhar estratégias e ferramentas que eu havia aprendido em experiências anteriores. O resultado foi extraordinário: não só superamos os desafios, como criamos um ambiente de confiança e colaboração que aumentou a motivação de todos. Essa experiência reforçou minha crença de que compartilhar é um dos melhores investimentos que podemos fazer no crescimento de uma equipe.

COMPARTILHAMENTO COMO ESTRATÉGIA NOS NEGÓCIOS

Nos negócios, compartilhar recursos e conhecimentos é uma ferramenta estratégica e poderosa. Quando decidi empreender, entendi rapidamente que o sucesso de um negócio não depende apenas de seus próprios esforços, mas também da capacidade de criar parcerias estratégicas. Uma das minhas primeiras iniciativas como empresário foi estabelecer colaborações com outras empresas, compartilhando recursos como equipamentos, conhecimento técnico e até contatos. Isso fortaleceu meu negócio e gerou oportunidades para ambas as partes.

Lembro-me de um momento crítico em que decidi compartilhar uma metodologia de planejamento com uma empresa parceira que enfrentava dificuldades. Para muitos, poderia parecer arriscado revelar algo que era um diferencial competitivo, mas o resultado foi exatamente o oposto. A empresa superou seus desafios e, de quebra, passou a recomendar meus serviços a outros clientes. Essa experiência reforçou que, quando compartilhamos, não perdemos: ganhamos aliados e ampliamos nosso impacto.

O IMPACTO DO CONHECIMENTO COMPARTILHADO

O compartilhamento de conhecimento vai além do ambiente profissional; ele transforma comunidades e relações pessoais.

Quando compartilhamos algo, seja uma lição aprendida, uma estratégia testada ou mesmo um recurso prático, criamos um ambiente de crescimento mútuo. O impacto de um conhecimento compartilhado pode ser muito maior do que imaginamos. Ele é como uma semente que, ao ser plantada, floresce e gera frutos que podem beneficiar muitos.

O PAPEL DA GENEROSIDADE ESTRATÉGICA

A generosidade estratégica, como costumo chamar, é o ato de compartilhar com intenção e propósito. Vai além de dividir recursos ou conhecimentos indiscriminadamente: nesse caso, identificamos onde eles podem gerar o maior impacto. Quando compartilhamos com quem realmente pode se beneficiar e, por sua vez, contribuir para o crescimento de outros, criamos um ciclo virtuoso de aprendizado e desenvolvimento.

Um exemplo claro disso foi minha experiência ao formar novos líderes em minha equipe. Em vez de centralizar todo o conhecimento, optei por criar treinamentos internos onde compartilhava abertamente minhas estratégias, aprendizados e até mesmo erros. Com isso, consegui emplacar dois resultados igualmente positivos: capacitei novos líderes e permiti que minha empresa crescesse de forma sustentável, com uma equipe preparada para lidar com desafios e oportunidades.

A RECIPROCIDADE NO COMPARTILHAMENTO

Compartilhar não é apenas uma questão de dar; é também uma oportunidade de receber. Quando você cria um ambiente onde o conhecimento flui livremente, as pessoas se sentem mais motivadas a contribuir com suas próprias ideias e experiências. Isso cria um ciclo de reciprocidade que beneficia a todos. Durante minha carreira, percebi que, quanto mais eu compartilhava,

O IMPACTO DE UM CONHECIMENTO COMPARTILHADO PODE SER MUITO MAIOR DO QUE IMAGINAMOS. ELE É COMO UMA SEMENTE QUE, AO SER PLANTADA, FLORESCE E GERA FRUTOS QUE PODEM BENEFICIAR MUITOS.

@jhonathan_santoss

Bora cuidar

mais aprendia com as perspectivas e os conhecimentos dos outros. É um jogo em que todos saem ganhando.

O IMPACTO ESPIRITUAL DO COMPARTILHAMENTO

Além dos benefícios práticos e emocionais, o ato de compartilhar fortalece nossa dimensão espiritual, aprofundando nossa conexão com os outros e com nosso propósito de vida. Quando compartilhamos, transcendemos o material e nos conectamos ao que é mais essencial: o impacto positivo que deixamos no mundo e na vida das pessoas ao nosso redor.

Essa prática nos lembra que nossa existência não é isolada, mas entrelaçada com as jornadas de outros. Cada gesto de generosidade, seja no compartilhamento de conhecimento, recursos ou apoio, ecoa além do imediato, construindo uma rede de significado e legado duradouro.

COMO COMPARTILHAR DE FORMA EFICAZ

1. **Identifique o que você tem a oferecer:** Todos nós temos algo valioso para compartilhar, seja conhecimento técnico, experiências pessoais ou recursos tangíveis.
2. **Seja intencional:** Compartilhe com propósito, garantindo que seu conhecimento ou recurso chegue a quem realmente pode utilizá-lo de forma eficaz.
3. **Crie oportunidades de troca:** Frequente espaços onde o compartilhamento seja incentivado, como reuniões de equipe, workshops ou fóruns de discussão.
4. **Reconheça e valorize as contribuições dos outros:** Ao criar um ambiente de troca, mostre gratidão pelo que os outros trazem à mesa.

MULTIPLICANDO VALOR PELO COMPARTILHAMENTO

Cada vez que dividimos o que sabemos ou temos, fortalecemos não apenas nossa comunidade, mas também a nós mesmos. O impacto do compartilhamento pode ser descrito como uma onda: começa com um gesto e se expande, tocando lugares que você nem imaginava. Por isso, ensine, inspire e conecte. Isso vai transformar suas experiências em pontes que aproximam pessoas e constroem futuros mais fortes e colaborativos.

MOMENTO IRRADIAR

- **Anote uma lição (5 minutos):** Escreva uma coisa que você aprendeu (ex.: "Foco leva a milhões"). Quem precisa disso?
- **Compartilhe hoje (5 minutos):** Envie uma ideia útil a alguém, pelo WhatsApp, por exemplo. Como eu fiz com parceiros.
- **Acompanhe (3 minutos):** Anote: "Ensinei X a Y. Resultado: Z". Veja o impacto em 7 dias.

CONCLUSÃO DO PILAR III

Parabéns por concluir a terceira parte da jornada do GoFive! Você mergulhou no poder da colaboração e das conexões. Meu objetivo foi demonstrar como construir relacionamentos estratégicos, buscar orientação de mentores e compartilhar conhecimentos e recursos de maneira significativa.

Ao longo desta etapa, você aprendeu que formar uma rede de apoio sólida representa uma estratégia, assim como uma necessidade para maximizar seu impacto. E compreendeu também que a mentoria pode encurtar a jornada, economizar recursos e evitar armadilhas, enquanto compartilhar o que você sabe multiplica valor e cria um legado duradouro.

Agora você está mais preparado para reconhecer as oportunidades que surgem em ambientes colaborativos e contribuir para a trajetória de outras pessoas. Essas conexões fortalecerão seu propósito e abrirão portas, tenha certeza disso.

A jornada não termina aqui. O próximo passo exigirá algo ainda mais profundo: um compromisso inabalável com o aprendizado contínuo. Essas conexões abrem portas, e o Pilar IV vai mostrar como buscar aprendizado para se manter atualizado e pronto para agir.

O QUE ESPERAR DO PILAR IV?

No próximo pilar, você será desafiado a superar o conhecimento atual, explorando como manter-se atualizado, adaptar-se às mudanças do mercado e transformar cada experiência em uma oportunidade de crescimento.

O verdadeiro aprendizado vai além da sala de aula ou dos livros. Ele é uma mentalidade, uma prática diária que molda quem somos e como agimos. Seja no âmbito pessoal ou profissional, o aprendizado contínuo é a força que alimenta a inovação, a resiliência e a realização dos nossos objetivos.

Prepare-se para mergulhar em um mundo onde o conhecimento nunca é estático, onde cada experiência é um novo capítulo, e onde o crescimento é uma jornada sem fim. Vamos juntos explorar como investir em sua educação, aplicar novos conhecimentos e se manter à frente em um mundo em constante transformação.

4

PILAR IV

Evolua

Aprender é o único processo do qual você nunca sai perdendo. Cada nova ideia e cada nova habilidade representam um passo em direção ao seu potencial máximo.

No mundo acelerado em que vivemos, a capacidade de aprender continuamente se tornou uma das habilidades mais valiosas. Não importa sua idade, posição ou área de atuação: o aprendizado é o que diferencia aqueles que prosperam daqueles que simplesmente sobrevivem.

Vou mostrar neste Pilar como investir em educação contínua, aplicar o conhecimento adquirido de forma prática e utilizar o aprendizado como alavanca para alcançar seus maiores objetivos. Prepare-se para descobrir como o conhecimento pode ser sua maior vantagem competitiva e sua fonte de transformação pessoal e profissional.

Código 1

Curiosidade: A chama que acende o aprendizado

Era uma tarde durante minha viagem na Itália. O ar frio fazia com que as pessoas buscassem refúgio em cafés aconchegantes. Em um desses cantos acolhedores, eu observava as folhas caírem enquanto viajava nas minhas ideias. Recordo-me que a curiosidade me inquietava: como o ser humano transforma sua curiosidade em descobertas? Para mim, esse é o ponto de partida que pode destravar portas para mundos desconhecidos.

Um dia, enquanto eu fazia minha caminhada matinal, vi uma criança brincando com um pequeno carrinho que se movia apenas com a luz do sol. Fascinado, me aproximei e comecei a conversar com o garoto, que explicou que tinha construído o carrinho em um projeto da escola. "Como você teve essa ideia?", perguntei. O menino respondeu com naturalidade: "Eu perguntei por que os carrinhos precisam de pilhas e quis saber se dava para usar o sol".

A simplicidade da resposta me fez refletir. Percebi que, na vida adulta, muitas vezes nos perdemos na rotina e esquecemos de perguntar o porquê das coisas. No entanto, as grandes descobertas, da roda à internet, vieram justamente da curiosidade.

A CURIOSIDADE COMO MOTOR DO CRESCIMENTO

Ao longo da história, a curiosidade tem sido a força invisível por trás de inúmeras revoluções. Pense em figuras como Marie Curie, que, intrigada pelos misteriosos raios de um material chamado urânio, revolucionou a ciência ao descobrir a radioatividade. Ou em Steve Jobs, cuja obsessão por entender como os computadores poderiam ser mais acessíveis levou ao desenvolvimento do iPhone, mudando a forma como vivemos e nos conectamos.

A curiosidade é parte intrínseca de todos nós: está na criança que pergunta sem parar, no adulto que tenta cozinhar algo novo sem receita, no profissional que decide aprender um idioma diferente. Todos estão alimentando a faísca do aprendizado. E essa chama não apenas nos mantém em movimento, ela transforma vidas.

Há alguns anos, me lancei em uma jornada para aprender programação. Estudei diversas linguagens, como Python, Node, JavaScript, React, Flutter, Kotlin, Rust, entre outras. Além disso, cursei um MBA em Data Science e Big Data e me especializei em treinamentos voltados para redes neurais artificiais. Durante esse período, tive a oportunidade de participar da construção de produtos interessantes com essas aplicações.

Foi nesse contexto que percebi algo intrigante. Diversas documentações tidas como referência no campo da tecnologia eram escritas, em sua maioria, em dois grandes *hubs*: o Vale do Silício e o MIT. Decidi, então, buscar conhecimento diretamente dessas fontes.

Confesso que não foi fácil. Como principal executivo de uma empresa em plena expansão, precisei conciliar as reuniões presenciais e on-line relacionadas aos negócios, enfrentar a diferença de fuso horário, manter a rotina de treinamentos presenciais e ainda encontrar tempo para me conectar com minha família por vídeo. Foi um desafio doloroso, mas, ao mesmo tempo, extremamente transformador.

Tive a chance de visitar lugares emblemáticos, como a garagem onde Steve Jobs e Steve Wozniak deram início à Apple, o Apple Park, o complexo da Meta, a sede do Google e as de outras gigantes do setor. Cada visita era uma aula. No entanto, enquanto explorava esses espaços, minha mente era tomada por uma série de questionamentos:

- Qual foi o ponto de virada dessas empresas?
- O que passava na cabeça dos fundadores ao longo do tempo?
- Como eles agiam diante dos desafios que surgiam?

Essas perguntas não saíam da minha cabeça, e fui atrás das respostas. Percebi, no entanto, que não existia uma "bala de prata", uma solução única que explicasse o sucesso dessas empresas. O que encontrei foram atitudes e comportamentos comuns entre elas.

Essas empresas compartilham uma mentalidade de inovação constante, coragem para errar e aprender com os erros, e um foco incansável em entregar valor. Além disso, elas demonstram uma capacidade única de se adaptar rapidamente às mudanças, combinada com um senso de propósito muito claro.

Essa jornada me ensinou que, mais do que ferramentas ou conhecimentos técnicos, são as atitudes e a maneira como encaramos os desafios que definem nossos resultados.

O CONHECIMENTO LIBERTA

Durante alguns anos, estabeleço jornadas de leituras onde me desafio a ler, em média, um livro por semana. Ao final dessas temporadas, eu leio mais de 52 livros. Esse desafio exige disciplina e dedicação, afinal, para alcançar esse objetivo, eu preciso investir entre quarenta e sessenta minutos diários de leitura.

Para isso, adotei o hábito de acordar às 4h49 da manhã. Muitos me perguntam por que escolhi esse horário. Ainda não posso revelar o motivo, mas no momento certo farei isso. O que posso afirmar é que esse horário me deu a disciplina necessária para transformar esse desafio em um hábito.

Quantas pessoas acordam às 4 horas? E às 5 horas? Tenho certeza de que a maioria dos despertadores está programada para tocar em horários-padrão, múltiplos de 15 ou 30 minutos. Ir contra esse modelo, mesmo que de forma tão simples, me ajudou a quebrar padrões mentais e criar um tempo exclusivo para o aprendizado.

Confesso que muitos livros se tornam verdadeiros pesos, pois não conseguem prender minha atenção ou possuem enredos desconectados. Mas isso faz parte do processo. Leio temas diversos, desde programação de software até psicologia positiva. Meu objetivo é aprender, e essa diversidade me traz insights que transformam minha vida. Participei de eventos, feiras e workshops e, mesmo depois de concluir a faculdade, nunca parei de estudar. Hoje, somo diversas especializações. Mas isso não é o mais importante. O que realmente importa é que, em meio ao aprendizado, surgem ideias que podem mudar nossa história.

CRIANDO ESPAÇOS PARA PERGUNTAS

Em um mundo cada vez mais acelerado, muitas organizações se esquecem de criar espaços onde as pessoas possam ser curiosas. Reuniões se tornam apenas execução, e o medo de errar sufoca a inovação. Mas as empresas que prosperam, como Google e 3M, são aquelas que incentivam seus colaboradores a fazer perguntas e buscar soluções criativas.

Um exemplo clássico é o conceito de "20% do tempo" do Google, no qual os funcionários têm liberdade para trabalhar em projetos que lhes interessem, mesmo que não estejam diretamente relacionados a suas funções. Dessa iniciativa surgiram produtos como o Gmail e o Google Maps. Isso mostra que, quando a curiosidade é estimulada, os resultados podem ser revolucionários.

O DESAFIO DA ZONA DE CONFORTO

Se a curiosidade é tão poderosa, por que nem sempre a alimentamos? A resposta está na zona de conforto. É mais fácil seguir padrões conhecidos do que explorar o desconhecido. No entanto, como diz um provérbio chinês: "Aquele que retorna de uma viagem nunca é o mesmo que partiu". A curiosidade nos tira do familiar, expande nossos horizontes e nos faz crescer.

Um bom exemplo disso aconteceu com o Marcos, um engenheiro que conheci em um workshop sobre energia renovável em São Paulo. Ele decidiu estudar programação por conta própria para criar um sistema de monitoramento mais eficiente para painéis solares. Apesar de não ter formação na área e enfrentar uma curva de aprendizado acentuada, sua curiosidade o levou a persistir. O resultado? Desenvolveu uma solução inovadora que não só otimizou seu trabalho, mas também chamou a atenção de empresas do setor, abrindo novos mercados.

MOMENTO IRRADIAR

- **Tenha curiosidade viva (5 minutos):** Escolha um tema que te intriga. Escreva: "Quero saber X. Vou buscar esse conhecimento em Y hoje".
- **Quebre a rotina (3 minutos):** Pergunte sobre algo comum: Por que faço Z assim? Anote uma ideia nova sobre isso.
- **Aja agora (5 minutos):** Assista a um vídeo ou leia um artigo sobre seu tema. Aplique amanhã o que aprendeu.

Código 2

Transformando erros em aprendizados

Muitos não conseguem tirar lições dos erros. O erro é uma ótima forma de aprendizado. É claro que existem erros que podem causar prejuízos significativos, mas, quando os enfrentamos com a mentalidade certa, eles nos moldam e nos desenvolvem. No fundo, os erros carregam um valor inestimável: capacidade de nos ensinar o que nenhuma vitória poderia.

Era uma sala de eventos. O público, formado por executivos de várias empresas do setor de energia, esperava ansiosamente pela próxima apresentação. De repente subi no palco e comecei o meu discurso de maneira inesperada: "Quero compartilhar com vocês não os meus acertos, mas principalmente os meus erros. Porque foram eles que me ensinaram o que realmente importa".

Contei sobre a minha história, e como no meu primeiro negócio perdi tudo ao insistir em um serviço que, no fundo, eu sabia que não atendia às necessidades do mercado. Eu me apaixonei pela ideia. Uma visão que parecia perfeita na minha cabeça, quase como um sonho que eu não queria largar. Mas, olhando para trás, percebo que ignorei os sinais claros dos clientes: as vendas que não decolavam, os feedbacks tímidos que eu interpretava como "falta de visão" deles, e até o silêncio constrangedor em algumas negociações. Durante meses, coloquei toda a minha energia para salvar a empresa, trabalhando até tarde, ajustando detalhes do serviço, buscando novos fornecedores para baratear custos. Mas nada disso foi suficiente. No fim, as portas se fecharam, e eu me vi encarando o vazio de um sonho que desmoronou.

Naquela época, eu me espelhava em pessoas que eram referência no mercado. Eu as admirava profundamente. Empresários que construíram impérios, nomes que apareciam em revistas e eventos como sinônimos de sucesso. Acreditava que, se seguisse os mesmos passos deles, como um roteiro pronto, meu negócio teria um resultado parecido, ou pelo menos sobreviveria. Peguei livros, assisti a palestras, anotei frases inspiradoras e tentei replicar o que via como "fórmula do sucesso". Teve até um momento cômico: eu, com meu caderninho de anotações, oferecendo meu serviço em um evento, e, enquanto explicava para um cliente meus planos, ele me olhava confuso e perguntava se a mentoria ensinava a ficar rico. Ele saiu rindo, e eu fiquei lá, com cara de quem percebeu que nem mentoria era. Esse foi um dos meus maiores erros. Quem foca apenas no destino, no brilho do resultado final, esquece que o processo é o que dá forma à vitória. Aqueles empreendedores que eu tomava como modelo tinham enfrentado anos de tentativas, erros, ajustes e contextos que eu nem de longe havia experimentado. Suas histórias, que eu lia como contos lineares de triunfo, eram na verdade cheias de curvas, quedas e reinvenções que eu não podia simplesmente pular.

Quando tudo ruiu, senti o peso da derrota. Era como se o fracasso tivesse apagado não só o negócio, mas uma parte de mim. Eu me perguntava onde tinha errado, relia cada decisão e me culpava por não ter sido mais esperto, mais rápido, mais atento. Mas, com o tempo, aquele momento devastador se transformou em um ponto de virada. Percebi que o fracasso não é o fim da estrada, mas um desvio que te obriga a olhar o mapa com mais cuidado. Ele me ensinou a ouvir o mercado de verdade, a testar antes de me comprometer cegamente e a entender que copiar o sucesso dos outros sem viver o processo é como construir uma casa sem alicerces. Hoje, vejo aquele tombo como uma lição dura, mas essencial: é na queda que se aprende a levantar com mais sabedoria, mais humildade e, principalmente, mais clareza sobre o que realmente importa na jornada.

POR QUE TEMOS MEDO DE ERRAR?

Na cultura atual, o erro muitas vezes é visto como algo vergonhoso. Desde cedo, somos condicionados a buscar a perfeição e evitar falhas a qualquer custo. Na escola, errar uma resposta pode significar uma nota baixa; no trabalho, um erro pode ser interpretado como incompetência. Mas e se mudássemos nossa perspectiva? E se enxergássemos os erros como parte essencial do processo de aprendizado?

Histórias de grandes realizações estão repletas de fracassos. Thomas Edison, ao inventar a lâmpada elétrica, testou mais de mil materiais diferentes antes de encontrar o filamento ideal. Quando questionado sobre tantas tentativas fracassadas, ele respondeu: "Eu não fracassei mil vezes. Apenas descobri mil maneiras que não funcionam".

A JORNADA DE SUPERAÇÃO

Em minha própria experiência, tive meu momento de enfrentar o medo de errar. Durante um projeto de grande impacto, tomei uma decisão precipitada baseada em suposições, sem consultar os dados adequados. O resultado foi um atraso significativo na entrega e uma equipe desmotivada. A frustração era palpável, mas decidi encarar a situação.

Chamei minha equipe para uma reunião e admiti o erro. Disse que assumiria a responsabilidade e que juntos buscaríamos uma solução. Esse momento de vulnerabilidade não apenas restaurou a confiança do grupo, mas também gerou um ambiente de colaboração. Ajustamos o curso do projeto e, no final, entregamos algo ainda melhor do que o planejado inicialmente. O que aprendi foi simples: admitir erros é um ato de coragem, e enfrentá-los é um caminho para o crescimento.

APRENDENDO COM OS ERROS DOS OUTROS

Aprender com os próprios erros é valioso, mas aprender com os erros dos outros é ainda mais eficiente. Por isso, é importante estar atento às experiências compartilhadas por pessoas ao nosso redor. Em eventos, livros ou conversas informais, há sempre algo a ser absorvido.

Lembro-me de uma história que ouvi em uma conferência internacional. Um executivo relatou como sua empresa quase foi à falência ao tentar expandir para um mercado desconhecido sem a devida pesquisa. Ele explicou que subestimaram as diferenças culturais e não adaptaram seus produtos às necessidades locais. Apesar do prejuízo inicial, a equipe aprendeu a investir em estudos detalhados antes de qualquer nova expansão. Essa lição me marcou profundamente, pois mostrou como o erro pode ser um mestre poderoso.

TRANSFORMANDO ERROS EM APRENDIZADO

Transformar erros em aprendizado exige três passos fundamentais:

1. **Reconhecer o erro:** Fugir ou negar não resolve nada. Reconhecer o erro é o primeiro passo para encontrar soluções.

2. **Analisar a situação:** O que deu errado? Quais fatores contribuíram para o erro? Como ele pode ser evitado no futuro?

3. Aplicar o aprendizado: Use as lições do erro para tomar decisões melhores. Isso cria um ciclo de melhoria contínua.

UMA PERSPECTIVA POSITIVA

Ao mudar nossa relação com o erro, mudamos também nossa relação com o aprendizado. Pessoas que enxergam falhas como oportunidades tendem a assumir mais riscos calculados, a inovar e se destacar. O medo de errar pode paralisar, mas a aceitação do erro como parte do processo nos liberta.

Errar não é falhar. É uma oportunidade de aprender, crescer e ajustar o curso. Par transformar erros em aprendizado é necessário coragem para admitir o que deu errado, sabedoria para analisar as causas e força para tentar novamente. Eles fazem parte da jornada de quem ousa agir, inovar e buscar resultados extraordinários. Aproveite cada lição que os contratempos oferecem e siga em frente, sabendo que cada passo, mesmo os mais desafiadores, aproxima você de se tornar sua melhor versão.

Terminei aquela reunião com uma mensagem poderosa: "O fracasso é um degrau, não um abismo. Quanto mais cedo você entender isso, mais longe irá". E aquela sala de conferências, que começou o dia em silêncio, aplaudiu de pé, inspirada a transformar seus erros em degraus para o sucesso.

MOMENTO IRRADIAR

- **Erro em foco (5 minutos):** Pense em uma falha recente. Escreva: "Deu errado por X. Aprendi Y".
- **Fale hoje (3 minutos):** Conte esse erro a alguém (ex.: "Perdi Z dessa forma"). Pergunte: "E você?", como fiz na reunião.
- **Dê uma nova chance (5 minutos):** Para um erro passado, anote: "Próxima vez, faço W". Teste em sete dias.

O FRACASSO É UM DEGRAU, NÃO UM ABISMO.

@jhonathan_santoss

Bora cuidar

Código 3
O poder do transbordo

Outro dia eu estava em um auditório lotado no centro de uma das maiores cidades do país. O público era formado por profissionais de diversas áreas, todos ansiosos para ouvir sobre as transformações que a colaboração pode trazer para a vida pessoal e profissional. O evento iniciou com uma pergunta simples: "Quantas pessoas aqui aprenderam algo novo esta semana?". Mãos se levantaram, algumas com entusiasmo, outras com hesitação. Foi então que ouvimos a segunda pergunta: "E quantos de vocês ensinaram algo a alguém?". As mãos levantadas foram em quantidade consideravelmente menor.

Aquela diferença me fez refletir sobre como, em um mundo repleto de informação, muitas vezes nos concentramos em absorver conhecimento sem nos darmos conta do poder transformador de compartilhá-lo. Não há como transbordar algo de que não estamos cheios. Deus jamais vai tirar algo de você para dar para os outros. Ele está disposto a derramar de forma abundante em sua vida, de modo que você consiga transbordar para a vida de outras pessoas. Aprender com os outros e ensinar são dois lados de uma mesma moeda, que juntos formam a essência da construção coletiva do saber.

Quando transbordamos, compartilhamos o melhor de nós mesmos com o mundo. Essa abundância não é apenas um reflexo do que acumulamos, mas do impacto que causamos nas vidas ao nosso redor. O verdadeiro poder do transbordo está em dar sem esperar, em ensinar sem limites e em inspirar pelo exemplo.

Transbordar significa transformar o que aprendemos em ferramentas para o crescimento coletivo. Cada gesto de generosidade e cada palavra compartilhada criam ondas de transformação que vão muito além de nossa própria jornada. Ao transbordar, você não apenas eleva os outros, mas também se enriquece com a troca e a conexão.

Quanto mais você transborda, mais espaço cria para novas experiências e aprendizados. Encha-se de conhecimento, amor e propósito e permita que isso alcance aqueles ao seu redor. Porque, no final, o verdadeiro legado está no impacto que deixamos nas vidas que tocamos.

APRENDER COM HUMILDADE

Aprender com os outros exige humildade. Muitas vezes, nos sentimos pressionados a demonstrar competência e, como resultado, evitamos admitir o que não sabemos. No entanto, a humildade de reconhecer nossas limitações é o primeiro passo para abrir espaço para novas ideias.

Em um dos momentos mais marcantes de minha vida profissional, participei de uma reunião com especialistas internacionais. Enquanto todos compartilhavam suas perspectivas, percebi que meu conhecimento sobre aquele assunto era limitado. Em vez de tentar impressionar, fiz perguntas genuínas e escutei com atenção. O resultado foi extraordinário: recebi insights que jamais teria alcançado sozinho e, ao final, fui elogiado pela minha postura de aprendizado. Essa experiência reforçou a importância de se posicionar como aprendiz, independentemente do nível de experiência.

O PAPEL DA DIVERSIDADE NO APRENDIZADO COLETIVO

A diversidade é um catalisador poderoso para o aprendizado coletivo. Quando pessoas de diferentes formações, culturas e experiências se reúnem, as trocas se tornam mais ricas e inovadoras. Um exemplo que sempre me inspira é o funcionamento de equipes multidisciplinares em startups. A combinação de habilidades técnicas, criativas e analíticas permite soluções mais completas para problemas complexos.

Em um projeto recente, trabalhei com uma equipe composta de engenheiros, designers e profissionais de marketing. Cada decisão foi moldada por perspectivas diferentes, e o produto final foi amplamente superior ao que qualquer um de nós poderia ter criado individualmente. Essa experiência reforçou minha crença de que, ao aprender com os outros e retribuir o aprendizado, expandimos nosso potencial.

MOMENTO IRRADIAR

- **Reconheça seu saber (5 minutos):** Anote uma coisa que você sabe bem. Quem precisa disso?
- **Aja hoje (3 minutos):** Ensine uma pessoa (ex.: "Falei com X sobre Y"), como eu fiz com minha equipe.
- **Troque amanhã (5 minutos):** Pergunte a alguém: O que você pode me ensinar? Anote o que você aprendeu.

Código 4

Liderança: A arte de ensinar, inspirar e transformar

Liderança é um conceito que transcende cargos, hierarquias ou títulos pomposos em um organograma. Em sua essência, liderar é influenciar, guiar e criar condições para que outros alcancem seu potencial e, ao fazer isso, alcançar algo maior juntos. Um líder não é apenas aquele que aponta o caminho; é quem caminha junto, ajusta a rota quando necessário e, acima de tudo, entende que seu papel é tanto sobre ensinar quanto sobre aprender.

A CONEXÃO ENTRE LIDERAR E ENSINAR

Pense em um líder como um professor em campo aberto. Ele não está preso a uma sala de aula ou a um roteiro fixo, mas usa cada momento, seja uma reunião, um erro da equipe ou uma crise inesperada, como oportunidade para transmitir conhecimento. Um bom líder não se limita a dizer "faça isso" ou "entregue aquilo". Ele explica o "porquê", compartilha o contexto e incentiva as pessoas a pensar por si mesmas. Lembro-me de um mentor que me marcou profundamente durante um projeto caótico, anos atrás. Enquanto eu corria contra o tempo para entregar resultados, ele me chamou para o canto e disse: "O sucesso não está só no que você entrega, mas em como ajuda os outros a crescer no processo". Aquilo mudou minha perspecti-

139

va. Liderar não era sobre eu brilhar sozinho, mas sobre acender a chama nos outros.

Essa conexão entre ensinar e liderar é o que separa os chefes dos líderes de verdade. Um chefe dá ordens; um líder planta sementes. Quando uma equipe aprende com seu líder, ela não apenas executa melhor, mas também ganha autonomia. E uma equipe autônoma, que confia em si mesma, é o alicerce de qualquer organização que quer prosperar a longo prazo. Esse ambiente de aprendizado coletivo fortalece os laços, abre espaço para ideias novas e cria uma cultura onde cada pessoa sente que sua voz importa.

OS DESAFIOS DA LIDERANÇA

Mas liderar não é um mar de rosas. É um equilíbrio delicado entre firmeza e empatia, entre planejar o futuro e lidar com o caos do presente. Um dos maiores desafios é sair da zona de conforto, tanto a sua quanto a da equipe. É fácil cair na tentação de manter tudo como está, delegando tarefas repetitivas e evitando riscos. Mas liderança de verdade exige coragem para perguntar: "O que podemos fazer diferente? Como podemos crescer?".

Outro obstáculo é o fracasso. Já contei sobre meu primeiro negócio, quando perdi tudo por insistir em uma ideia que não fazia sentido para o mercado. Eu me apaixonei pelo produto, ignorei os clientes e tentei replicar o sucesso de grandes nomes que admirava, sem entender que o processo deles era único. Foi um tombo feio, e, sim, teve até aquele momento engraçado na feira, quando um cliente perguntou se meu produto abria garrafas, me deixando sem resposta e com cara de bobo. Mas o que aprendi ali foi crucial: o fracasso não é o oposto do sucesso; é parte dele. Um líder precisa abraçar os erros, seus e da equipe, como matéria-prima para o aprendizado. É na análise do que deu errado que surgem as soluções mais inteligentes.

Um líder que ensina cria uma equipe que, por sua vez, ensina a outros, gerando um ciclo de crescimento. É por isso que acredito que liderar é irradiar. É compartilhar o que você sabe, absorver o que os outros têm a oferecer e transformar esse movimento em algo maior.

MOMENTO IRRADIAR

- **Reconheça seu saber (5 minutos):** Anote algo que você faz bem — pode ser planejar projetos, motivar pessoas ou resolver conflitos. Pergunte-se: Quem na minha equipe precisa disso agora? Identificar quem pode crescer com seu conhecimento é o primeiro passo para irradiar.
- **Aja hoje (3 minutos):** Compartilhe algo com alguém. Pode ser uma dica rápida, como "Falei com Pedro sobre como organizar melhor o tempo" ou "Mostrei ao time uma técnica de priorização que uso". Eu já fiz isso com minha equipe, ensinando-os a encarar problemas como oportunidades, e vi o impacto imediato na forma como trabalhavam.
- **Troque amanhã (5 minutos):** No dia seguinte, pergunte a alguém: "O que você pode me ensinar?". Escute, anote o que aprendeu e pense como isso pode te fazer um líder melhor.

POR QUE ISSO FUNCIONA?

Esse código funciona porque é simples, mas poderoso. Em treze minutos espalhados ao longo de dois dias, você planta sementes de conhecimento, fortalece conexões e mantém sua humildade. Repita isso semanalmente, e você verá sua equipe se transformar. O "Momento irradiar" é sobre consistência: pequenos atos de ensino que, somados, constroem uma liderança sólida. É sobre reciprocidade: você dá e recebe, criando um ciclo de aprendizado. E é sobre impacto: cada passo reverbera, levando a equipe a novos patamares.

O LÍDER COMO EXEMPLO VIVO

Por fim, liderança é ser um exemplo — não perfeito, mas real. As pessoas não seguem discursos bonitos; elas seguem ações. Se você quer uma equipe curiosa, seja curioso. Se quer inovação, arrisque-se a errar. Quando eu comecei a perguntar mais "porquês" no meu dia a dia, como aquele menino com o carrinho solar que me impressionou, percebi que minha equipe passou a fazer o mesmo. Liderar é mostrar na prática o que você espera dos outros.

Então, o que faz um líder excepcional? Não é o número de seguidores, nem os lucros no balanço. É a capacidade de ensinar, de transformar fracassos em lições e de irradiar algo que vai além de si mesmo. Liderança é um processo contínuo de construção de pessoas, de ideias, de futuros. E, no fim das contas, é sobre deixar um legado que não se mede em troféus, mas nas vidas que você ajudou a crescer.

CONCLUSÃO DO PILAR IV

Você concluiu a quarta parte da jornada do GoFive. Aqui, você explorou o poder transformador do aprendizado como essência do crescimento. Juntos, mergulhamos em temas fundamentais, desde a curiosidade como motor do aprendizado até a importância de aprender com e para os outros, destacando a construção coletiva do saber.

Ao longo desta etapa, você descobriu que o aprendizado é muito mais do que uma atividade pontual; é um processo contínuo e intencional. Entendeu que tanto o crescimento pessoal quanto o profissional exigem não apenas buscar conhecimento, mas também compartilhá-lo, tornando-se uma fonte de inspiração e impacto para os outros. Você viu ainda que erros podem ser degraus para o sucesso, que o agir intencional é um motor para a excelência e que o aprendizado coletivo amplia horizontes e cria legados duradouros.

Agora, você está mais preparado para aplicar o aprendizado em todas as áreas da sua vida, reconhecendo que o conhecimento não apenas transforma quem somos, mas também o mundo ao nosso redor. Afinal, não se trata somente de adquirir informação, mas de transformar experiências em sabedoria e utilizá-las para crescer e ajudar os outros a fazer o mesmo.

No entanto, a jornada não termina aqui. Você já construiu as bases de um aprendizado consistente e significativo. Mas o próximo passo exige mais do que saber, exige agir. Agora, você está prestes a entrar no Pilar v, um momento de conclusão e propósito, no qual o foco será ação e os resultados que você pode alcançar quando decide não parar.

Com o aprendizado em mãos, o Pilar v vai guiar você a agir com persistência até alcançar os resultados.

O QUE ESPERAR DO PILAR V?

- **Pessoas:** Descubra como construir relações genuínas e impactantes, reconhecendo que o sucesso é impulsionado por conexões significativas. Você aprenderá a priorizar o autocuidado como base para cuidar dos outros, a liberar ressentimentos e valorizar a contribuição humana em todas as esferas da vida.

- **Ações:** Entenda a importância de cumprir o que promete com excelência e compromisso, criando confiança e credibilidade em suas relações pessoais e profissionais. A entrega é mais do que uma obrigação; é a essência do respeito e da responsabilidade.
- **Resultados:** Aprenda a medir e celebrar conquistas, garantindo que cada esforço realizado gere impacto. Resultados são o que diferencia intenções de realizações, e aqui você descobrirá como se concentrar no que realmente importa para avançar de forma consistente.

Prepare-se para a etapa final desta jornada. Este é o momento de reafirmar seu compromisso com seus objetivos e demonstrar que você está pronto não só para sonhar, mas para realizar. Vamos juntos explorar o poder da ação, da persistência e da realização.

5

PILAR V

Não pare!

Bem-vindo ao último pilar da jornada do GoFive. Este é o momento de consolidar tudo o que você aprendeu e colocar esses aprendizados em prática. Até aqui, você construiu um alicerce sólido, aprimorou habilidades, fortaleceu suas conexões e ampliou sua capacidade de aprender e ensinar. Agora é a hora de agir com convicção e perseverança, superando desafios e alcançando resultados concretos. A persistência é o que transforma intenções em realizações. Não importa o tamanho do desafio. O que realmente importa é a sua disposição de seguir em frente.

Para facilitar o entendimento do conteúdo, este pilar está dividido em quatro códigos fundamentais: pessoas, ações, o agir e resultados. Cada um deles aborda aspectos essenciais para transformar sonhos em realidade e construir um legado duradouro.

Código 1

Pessoas: Vai cuidar da sua vida

Pessoas são o fator principal em qualquer negócio ou aspecto privado. A base de qualquer sucesso. E, para que possamos impactar positivamente o mundo ao nosso redor, precisamos seguir uma prioridade clara: Deus, eu, cônjuge, filhos, família, trabalho, igreja, amigos, outros. Este ranking é um guia para organizar nossa vida com propósito e intenção.

Pense comigo: se você focar em si mesmo, isso gerará resultados que impactarão positivamente a vida das pessoas ao seu redor. Uma frase dura, mas transformadora, resume essa ideia: **"Vai cuidar da sua vida!"**. Ninguém pode fazer isso por você. Por esse motivo, você precisa aprender a se amar, a cuidar de si. Como você vai cuidar da sua esposa ou do seu marido, dos seus filhos, da sua empresa, se não se coloca em primeiro lugar?

Aprenda a se valorizar. Isso não é egoísmo; é essencial. Assim como em um voo somos instruídos a colocar a máscara de oxigênio em nós mesmos antes de ajudar os outros, cuidar de si é o primeiro passo para cuidar de quem você ama.

Outro aspecto crucial é liberar as pessoas. Muitas vezes, ficamos presos a ofensas sofridas no passado ou à ausência de perdão. No entanto, existe um poder transformador quando decidimos liberar. **O perdão cura a alma.** Depois de anos enfrentando situações desafiadoras, desenvolvi uma técnica que transformou minha vida: **não me ofendo**. Essa postura libera emocionalmente aqueles que fazem algo contra mim ou contra os nossos negócios. Quando não me sinto emocionalmente ofendido, não preciso perdoar, pois não há ressentimento. Isso é libertador e cria espaço para um crescimento genuíno.

Já fui traído várias vezes nessa caminhada como empreendedor. Houve momentos em que confiei, abri portas e entreguei o melhor de mim, apenas para ver promessas quebradas e facas cravadas nas minhas costas. Mas sabe o que aprendi? Cada traição foi uma aula poderosa, um grito do universo me dizendo: "Levante-se mais forte!". Não carrego essas atitudes no coração. Pelo contrário, vejo nelas uma chance de crescer.

Liberar quem me feriu não é fraqueza, é força bruta. Quando perdoo, quando solto aqueles que me traíram, envio um comando claro ao meu cérebro: Eu sou livre! Não fico preso às correntes do rancor, porque sei que aquele golpe, por mais que tenha doído, não define meu caminho. Já falaram mentiras sobre mim, já tentaram manchar meu nome, já distorceram quem sou. Mas a verdade? Ela brilha sozinha. Não precisa de defesa, apenas de tempo.

Enquanto outros perdem energia tentando me derrubar, eu sigo firme. Não me distraio com quem quer baixar minha frequência. Meu propósito é maior, meu destino é claro. Cada passo que dou, cada entrega que faço, é uma prova viva de que o foco na minha jornada supera qualquer ruído. Traições não me paralisam, elas me impulsionam. E, se eu cheguei até aqui, é porque aprendi a transformar golpes em degraus. Você também pode. Solte o que te prende, levante a cabeça e siga em frente. O mundo está esperando seu próximo movimento!

MOMENTO IRRADIAR

- **Desenhe seu círculo (5 minutos):** Desenhe numa folha de papel um "eu" no centro, depois cônjuge/filhos e depois, os outros. Marque uma das áreas para mais energia.

- **Pratique autocuidado já (3 minutos):** Escolha uma área, como sua saúde. Faça hoje (ex.: Caminhar quinze minutos).
- **Conserte rápido (3 minutos):** Pense em uma relação tensa. Envie uma mensagem: "Vamos falar?". Resolva esse conflito, como fiz com minha esposa.

Código 2

Ações: A energia que move

Todas as vezes que se comprometer em entregar algo ou assumir um compromisso, cumpra. Houve uma época em que muitos acordos eram feitos apenas com palavras, e isso era suficiente. Mesmo que a entrega possa causar algum tipo de prejuízo inicial, cumpra. Sua credibilidade é um dos ativos mais valiosos que você possui, e mantê-la depende de sua capacidade de honrar sua palavra.

No universo dos meus negócios, há uma frase que guia as equipes: **"A energia que move"**. Essa afirmação reflete nosso compromisso com a excelência. Quando juntamos as pessoas certas, alinhamos as frequências e direcionamos o propósito, mesmo com diversos desafios, conseguimos superar os obstáculos e entregar resultados. A entrega não é apenas uma tarefa, é um compromisso que molda sua reputação e gera confiança em suas relações pessoais e profissionais.

Entenda que o ato de entregar vai além de concluir tarefas. Ele também envolve um senso de responsabilidade e dedicação para agregar valor ao que você faz. Quando você cumpre o que promete, inspira aqueles ao seu redor e cria uma cultura de responsabilidade e respeito mútuo.

Não importa o tamanho da dor, a altura do desafio ou o peso de um compromisso quebrado consigo mesmo, o que importa é entregar o que você se prometeu. Essa é a energia que me move, a chama que me empurra para encontrar uma saída,

152

mesmo quando tudo grita "Desista!". Acredite: sempre há algo, um caminho, uma força inesperada que surge para te ajudar a sair do outro lado.

Eu aprendi isso na raça. Valores não são o que você acha de si mesmo, mas o que as pessoas veem em você. Se quer ser lembrado como alguém de palavra, alguém que entrega, você precisa descobrir essa energia dentro de si e agarrá-la com unhas e dentes. Durante minha caminhada como empreendedor, enfrentei grandes desafios em que as respostas sumiam, as opções evaporavam e, para ser honesto, eu não sabia o que fazer. Com recursos limitados, os prazos apertavam, e o silêncio pesava. Mas nesses momentos eu fechava os olhos e descansava, pois tinha convicção de que iria entregar. Ponto-final.

E, então, algo mudava. Uma ideia surgia do nada, uma porta se abria onde só havia paredes, uma ajuda aparecia no último segundo. Não era mágica, era a certeza no coração de que eu sairia do outro lado. Cada vez que venci essas batalhas, provei a mim mesmo que a energia da entrega é mais forte que qualquer obstáculo. Foi assim que construí um legado. Não porque tudo deu certo, mas porque eu nunca parei de buscar o "como". Você já sentiu essa força? Ela está aí, esperando para te levar além. Agarre-a e entregue tudo o que prometeu, e o mundo vai reconhecer quem você é!

MOMENTO IRRADIAR

- **Cumpra hoje (5 minutos):** Escolha uma promessa atrasada. Resolva até o fim do dia.
- **Surpreenda (3 minutos):** Eleja uma tarefa. Adicione uma extra (ex.: Mais dados). Entregue ambas amanhã.
- **Veja o ganho (3 minutos):** Depois de entregar, anote: "Impactei X assim". Planeje o próximo passo.

Código 3

O agir como motor de excelência

Certa vez eu estava em Lisboa numa tarde bastante ensolarada. O aroma do café se misturava ao burburinho das ruas movimentadas. Era a semana que antecederia um dos maiores eventos de inovação do planeta. Sentado em um café, refletia sobre minha jornada e como o agir consistente e focado foi essencial para me levar até aquele momento.

Enquanto revisava um material que apresentaria na semana seguinte ao retornar para o Brasil e organizava os últimos detalhes, me lembrei de minhas primeiras experiências profissionais. Quando iniciei minha primeira faculdade no curso de petróleo e gás, eu trabalhava na oficina do meu pai. Eu era um faz-tudo na época. Varria a sala, limpava os espaços de trabalho, arrumava as ferramentas, desmontava e montava peças dos carros. Eu gostava disso na época. Para mim, era incrível trabalhar com meu pai, pois ele era o meu exemplo de empreendedorismo.

Confesso que foi naquele período que comecei a aprender sobre a relevância da entrega. Não importava o que acontecia, meu pai sempre entregava aquilo com que se comprometia, independentemente do lucro ou do prejuízo. Quantas vezes eu o vi pintando os carros dos clientes pela segunda ou terceira vez apenas para não deixar diferença nas peças onde realizava o serviço. Ele brigava muito com os empregados, sempre visando à excelência para o cliente final. Comecei a trabalhar com ele aos 11 anos. Muitas vezes eu precisava ir comprar algum material ou alguma peça que ele pedia. Eu falava: "Pai, vou tomar um banho pra trocar de roupa e ir", e ele respondia: "Não. Você vai assim, não precisa ter vergonha".

Muitas pessoas sentem constrangimento do que fazem. Tenho convicção de que, em diversos momentos, não fazemos o que gostamos — na verdade, na maioria das vezes. Entretanto, quando temos a clareza do nosso propósito, entendemos que durante nossa caminhada precisaremos cumprir etapas importantes que muitas vezes nos confrontam diariamente. Se você está tendo esse sentimento neste momento, pense que essa experiência atual vai contribuir de alguma forma para o seu futuro. Cada passo, por mais simples ou desafiador que pareça, é parte da construção do seu legado.

TER FOCO: DIZER "SIM" PARA UMA COISA E "NÃO" PARA TODAS AS DEMAIS

Agir com excelência é muito mais do que realizar tarefas. É um compromisso em fazer cada ação com foco, propósito e dedicação. Esse conceito é sustentado por pequenas atitudes que, quando acumuladas, levam a grandes resultados. A ação não é apenas sobre acumular horas, mas sobre como essas horas são usadas para crescer e superar limites.

Um exemplo clássico é o de atletas de alto desempenho. Enquanto muitos treinam para manter habilidades, eles agem para ampliar capacidades. Um corredor que deseja melhorar seu tempo em uma maratona não apenas corre longas distâncias; ele analisa sua postura, trabalha no ritmo da respiração e incorpora treinos de velocidade. Cada sessão é projetada para corrigir detalhes e elevar o desempenho.

MINHA JORNADA COM O AGIR COMO MOTOR DE CRESCIMENTO

Durante minha carreira, tive a oportunidade de aplicar o princípio do agir em diversas áreas. Lembro-me de um período em que precisava melhorar minhas habilidades de oratória. Apesar de já ter experiência em palestras, percebi que repetia erros, como o uso excessivo de muletas linguísticas e a falta de conexão com o público em alguns momentos.

Para superar essas limitações, gravei minhas apresentações, analisei cada detalhe e pedi feedback de colegas. Em seguida, agi com foco na eliminação das muletas, ajustando meu tom de voz e experimentando formas mais eficazes de engajar a audiência. O processo foi desconfortável no início, mas os resultados foram transformadores.

Recordo-me de uma das primeiras oportunidades que tive de falar em público. Eu tinha apenas 20 anos e precisava apresentar um *case* para uma banca de jurados durante um evento em uma instituição renomada. Os dias que antecederam a apresentação foram um verdadeiro tormento. Sempre dormi bem, sem grandes problemas, mas, à medida que a data se aproximava, o pânico e o pavor começaram a dominar minha mente. Eu ensaiava sem parar, revisava cada palavra, mas ainda assim sentia um frio na barriga que não podia explicar. Foi então que, em meio a essa ansiedade, tive um insight transformador: eu não estava com medo de *falar* em público; estava com medo de *errar* em público.

Esse momento de clareza mudou tudo. Percebi que o desespero que me consumia era, na verdade, uma construção da minha imaginação. Eu dominava o conteúdo que apresentaria e havia me preparado exaustivamente, conhecia os números, os argumentos, a sequência toda. Aquilo representava mais de 80% do desafio. O resto? Era só o fantasma do "e se": e se eu tropeçar nas palavras, e se os jurados me acharem despreparado, e se eu não estiver à altura? Mas, ao encarar esse medo, entendi que ele não tinha fundamento real. O que eu sabia era sólido; o que eu temia era ilusão.

A apresentação aconteceu, e não foi perfeita. Minha voz tremia um pouco no começo, e eu me atrapalhei em uma ou duas frases. Mas ninguém me vaiou, o teto não desabou, e os jurados até elogiaram minha análise. Aquela experiência me marcou profundamente e me ensinou uma lição poderosa: o tamanho do desafio é você quem define. O que parecia um monstro intransponível não passava de um sentimento inflado pela minha própria cabeça. Naquele dia, aprendi que o medo de errar é natural, mas deixá-lo crescer além da realidade é uma escolha.

Com o tempo, levei essa lição para outros momentos da vida. Quando comecei meu primeiro negócio, por exemplo, o receio de falhar voltou a bater à porta. Mas, lembrando daquela apresentação, eu me perguntei: O que eu já sei fazer bem aqui? O que está sob meu controle? Foquei no que podia dominar, no planejamento, no estudo do mercado, e deixei o resto fluir. Claro, nem tudo deu certo, mas a ideia de fracasso nunca mais me paralisou. Entendi que errar não é o fim do jogo; é só uma curva no caminho, um sinal para ajustar a rota. Hoje, vejo cada desafio como uma oportunidade de separar o real do imaginário, de transformar o medo em ação e de crescer com o que vem pela frente. Afinal, o palco, seja ele literal ou metafórico, só assusta até você decidir subir nele.

COMO ADOTAR O AGIR COMO MOTOR DE EXCELÊNCIA

Independentemente da área de atuação, é possível adotar o agir para acelerar o aprendizado e atingir novos patamares. Aqui estão alguns passos:

1. **Defina objetivos claros:** Estabeleça resultados específicos e mensuráveis. Por exemplo, em vez de dizer "quero melhorar minha escrita", prefira "quero reduzir erros gramaticais em meus textos".
2. **Concentre-se nos detalhes:** Identifique as áreas onde você tem mais dificuldade e direcione seus esforços para superá-las.
3. **Busque feedback:** Pergunte a mentores, colegas ou especialistas como você pode melhorar. Um olhar externo muitas vezes revela aspectos que não percebemos.
4. **Aja com intensidade:** Dedique tempo às ações focadas, sem distrações, e busque soluções para superar desafios.
5. **Descanse para consolidar:** Assim como o corpo precisa de repouso após um treino físico, o cérebro também precisa de pausas para assimilar e consolidar o aprendizado.

A excelência não é um destino, mas o resultado de ações intencionais e consistentes. Cada passo dado com foco e determinação constrói um legado de impacto e realizações. O agir é o elo entre o que sonhamos e o que transformamos em realidade, e é na prática que mostramos nosso compromisso com o sucesso.

Agir com excelência não significa perfeição; significa dedicação ao que você faz, mesmo diante de desafios. É entender que cada esforço conta, que cada pequeno avanço é parte de algo maior. Mais do que isso, é fazer com que suas ações reflitam o melhor que você pode oferecer, inspirando os outros a fazer o mesmo. Em outras palavras, a grandeza não é alcançada por intenções ou palavras, mas pelas ações que você escolhe realizar todos os dias. Agir com propósito e foco é o que diferencia quem apenas sonha de quem realiza. Comece hoje e veja como a consistência na ação pode transformar sua vida.

MOMENTO IRRADIAR

- **Aja hoje (5 minutos):** Escolha um objetivo. Escreva: "Faço X agora porque Y", como na oficina do meu pai.
- **Destrua o atraso (3 minutos):** Pegue uma tarefa chata e a simplifique (ex.: "Só dez minutos"). Faça já.
- **Veja o ganho (3 minutos):** Antes de dormir, anote: "Fiz Z. Amanhã, faço W". Cresça todo dia.

Código 4

O poder dos resultados

No final das contas, o que importa são os resultados. Não somos medidos por esforços, mas por resultados. Não importa se você dedica oito, dez ou dezesseis horas do seu dia a um projeto; sem resultados, não há progresso. A realidade é que somos avaliados pelo impacto de nossas ações, e não apenas pelo tempo ou energia investidos.

Na minha trajetória como fundador e principal executivo da empresa de engenharia do grupo, tive a oportunidade de liderar pessoas incríveis, com perfis e estilos distintos. Porém, aquelas que permaneciam tinham algo em comum: **a capacidade de entregar resultados.** Isso não significa que o caminho foi fácil. Pelo contrário, muitas vezes enfrentamos desafios gigantescos, mas sempre mantínhamos o foco nos objetivos.

Na vida pessoal, o conceito de reciprocidade também se aplica. Em um casamento, por exemplo, o esforço não adianta se não há resultados. Ambas as partes precisam estar alinhadas e comprometidas em construir algo significativo. Sem essa reciprocidade, o progresso é impossível.

Lembre-se: o mundo não recompensa intenções; ele recompensa realizações. Portanto, concentre-se em transformar seus esforços em resultados tangíveis. Esse é o caminho para avançar e construir um legado duradouro.

Este Pilar representa a culminação da sua jornada no GoFive. Ele é um chamado para a ação, para o comprometimento e para a realização. Que esses códigos inspirem você a continuar, independentemente dos desafios, e a lembrar que o sucesso é construído dia após dia, com foco, dedicação e resultados.

DO SONHO DISTANTE À CONQUISTA REAL: O PODER DE ACREDITAR

Tive a oportunidade de visitar Jungfraujoch, na Suíça, um dos pontos mais altos da Europa. Uma cena ficou gravada na minha memória. Durante o trajeto, passamos por uma vista de tirar o fôlego. Aqueles lagos imensos com um tom esverdeado, rodeados pelos majestosos Alpes. Era como um quadro vivo.

Naquele momento, lembrei-me de algo que parecia um déjà-vu. Dez anos antes, trabalhando como técnico de planejamento e controle em uma pequena empresa do setor de construção naval, vi uma imagem parecida como fundo de tela de um computador. Aquele cenário me chamou tanta atenção que pesquisei sobre o local e o custo de uma viagem para aquele paraíso. Descobrir o valor me decepcionou. Naquela época, era algo completamente fora do meu alcance. Mas, em vez de me desanimar, essa impossibilidade momentânea serviu de alavanca para que eu começasse a construir o meu futuro.

Ver aquele sonho distante se concretizando diante dos meus olhos foi uma experiência impactante. Fez-me refletir sobre como, muitas vezes, nós mesmos nos sabotamos. Quando não acreditamos em nossa capacidade de realizar algo, enviamos ao nosso inconsciente essa mensagem. Isso, por sua vez, programa nossa mente para nos afastar de qualquer coisa que seja diferente dessa crença. Eu chamo isso de autossabotagem.

O que me fascina, porém, é que o inverso também é verdade. Quando acreditamos que podemos realizar algo, mesmo que as circunstâncias atuais sejam desfavoráveis, nossa mente começa a buscar formas de concretizar aquilo que programamos nela. Essa força é poderosa e transformadora.

A experiência em Jungfraujoch foi um lembrete vivo dessa dinâmica. Um sonho que, anos antes, parecia impossível, tornou-se realidade porque decidi acreditar. Essa crença transformou a impossibilidade do passado em uma conquista do presente.

A vida tem maneiras curiosas de nos mostrar que tudo começa na nossa mente. Programá-la com pensamentos de autoconfiança e visão de futuro pode nos levar a lugares que, hoje, parecem estar além do nosso alcance.

Acreditar em si mesmo é mais do que um ato de coragem. É o primeiro passo para transformar sonhos em realidade. É a energia que impulsiona, a força que supera os "nãos" da vida e transforma impossibilidades em conquistas. Quando você decide acreditar, abre caminho para possibilidades que antes pareciam inatingíveis.

A história de Jungfraujoch é um lembrete de que grandes realizações começam com pequenos atos de fé. Acreditar que eu conseguiria programou a minha mente para superar limites, buscar soluções e persistir. Assim como essa jornada, sua vida é um convite para programar sua mente com pensamentos positivos e ações ousadas.

O poder de acreditar não está em ignorar os desafios, mas em enfrentá-los com a certeza de que o esforço vale a pena. Cada obstáculo é uma oportunidade de provar a si mesmo que é possível ir além. Olhe para dentro, encontre sua razão para persistir e siga adiante, pois tudo começa no momento em que você decide acreditar. Bora cuidar do seu sucesso!

MOMENTO IRRADIAR

- **Olhe atrás (5 minutos):** Liste um resultado dos últimos três meses. Está alinhado ao seu sonho? Ajuste algo.

ACREDITAR QUE
EU CONSEGUIRIA
PROGRAMOU A
MINHA MENTE PARA
SUPERAR LIMITES,
BUSCAR SOLUÇÕES
E PERSISTIR.

@jhonathan_santoss
Bora cuidar

- **Defina o jogo (3 minutos):** Para um objetivo, anote: "Sucesso é X em sete dias", assim como eu planejei meu primeiro milhão.
- **Impacto real (3 minutos):** Escreva: "Isso ajuda Y assim". Amplie com uma ação (ex.: "Divulgar Z").

A TRANSFORMAÇÃO COMEÇA COM A AÇÃO

Chegamos ao fim deste livro, mas não ao fim da jornada. Pelo contrário, este é o ponto de partida para uma nova realidade. Você leu histórias, absorveu ensinamentos e foi desafiado a refletir. Agora, é hora de transformar esse conhecimento em ação. Afinal, o agir é o único motor capaz de mover nossos sonhos do campo das ideias para a concretização.

Tenha em mente que as mudanças mais significativas não acontecem em saltos grandiosos, mas em passos consistentes. Não espere pelas condições perfeitas ou pelo momento ideal. Comece com o que você tem, onde você está, e com a força que pode reunir hoje.

Você carrega dentro de si todas as ferramentas necessárias para transformar sua vida. Não importa o tamanho do desafio, nem quantas vezes você falhou ou hesitou. A cada novo dia, a escolha de avançar está em suas mãos. E, ao dar o primeiro passo, você perceberá que o impossível começa a se dissipar.

Permita-se errar e aprender. Conecte-se com pessoas que compartilhem sua visão e estejam dispostas a construir junto com você. Valorize as pequenas conquistas, pois elas são a fundação de algo extraordinário. Mas, acima de tudo, lembre-se de que ninguém pode fazer essa caminhada por você. A transformação que você busca começa no momento em que você decide agir.

O mundo precisa do seu movimento. Ele não espera perfeição, mas demanda coragem. Então, pergunte-se: Qual será o seu próximo passo? E o mais importante: Quando ele será dado? Não permita que a vida aconteça apenas ao seu redor. Seja o protagonista. Levante-se, mova-se e veja como o universo responde ao seu esforço.

Cuidar do mundo começa por cuidar de si. O legado não está no que acumulamos, mas no impacto que deixamos. O mundo espera pelo seu movimento. E, quando alcançar seus resultados, volte ao GoFive: defina um novo propósito, ative sua resiliência, use suas conexões, aprenda mais e nunca pare de agir.

Agradecimentos

Nenhuma jornada acontece sozinha, e este livro é prova viva disso. Antes de tudo, agradeço a Deus, que me encheu de sabedoria, me alcançou com Sua Graça infinita e me sustenta com Sua Bondade diária e eterna. Sem Ele eu não estaria aqui, escrevendo estas palavras ou vivendo este propósito.

À minha esposa, Dalice, por seu apoio em cada momento, dos dias mais escuros às vitórias mais brilhantes. Você me deu força para nunca parar. Acreditou em mim quando eu mesmo duvidava, segurou minha mão quando o caminho tremia e me lembrou que juntos podemos tudo. Este livro carrega sua força tanto quanto a minha.

Aos meus pais, José e Lucimere, e ao meu irmão, Jackson. Desde os primeiros passos, torceram por mim com um brilho nos olhos que nunca apagou, vibrando com cada conquista como se fosse a deles e, no fundo, sempre foi. Meu pai, com sua garra de trabalhador que nunca desistiu, me ensinou que o esforço vale mais que as circunstâncias. Minha mãe, com seu carinho e seu cuidado constante, me mostrou que o coração pode mover montanhas.

Ao meu sócio, Jânio, minha gratidão por confiar em mim. Você acreditou enquanto muitos duvidavam e, mesmo quando as respostas eram poucas, foi o empurrão que transformou ideias em ações concretas. Juntos, provamos que parcerias movidas por propósito chegam mais longe.

Aos meus pastores, Evandro e Simone, agradeço pela cobertura espiritual ao longo desses anos. Vocês me ensinaram que a verdadeira força vem de cima e me inspiraram a viver uma vida que reflete valores eternos. Suas orações foram o alicerce que me manteve firme.

Aos colaboradores do Grupo Partnership, vocês são o coração pulsante deste livro. Dia após dia, validam estas palavras com seu trabalho incansável, sua dedicação e seu compromisso com a entrega. Sem vocês, nada disso seria possível. Cada linha escrita aqui reflete o que construímos juntos, um legado que vai além de mim, porque é nosso.

A cada leitor que pegou este livro, meu coração transborda de gratidão. Cuidar é reconhecer a quem nos levanta, nos move e nos faz acreditar que o impossível é só o começo. Bora juntos? BORA CUIDAR!

Fontes Inria Sans e Dante MT
Papel Alta Alvura 90 g/m2
Impressão Imprensa da Fé